Handbuch für den Rudersport

Meinen Eltern in Dankbarkeit gewidmet

Dr. Wolfgang Fritsch

Handbuch für den Rudersport

Training – Kondition – Freizeit

Meyer & Meyer Verlag

Schriftleitung der Handbuchreihe:
Dr. Ulrich Becker, Kaiserslautern

Die Deutsche Bibliothek – CIP Einheitsaufnahme

Fritsch, Wolfgang:
Handbuch für den Rudersport: Training - Kondition -
Freizeit / Wolfgang Fritsch. – 3., überarb. Neuaufl. –
Aachen : Meyer und Meyer, 1999
ISBN 3-89124-523-8

© 1988 by Meyer & Meyer Verlag, Aachen
2., überarbeitete Neuauflage, 1992
3., überarbeitete Neuauflage, 1999
Olten (CH), Wien, Oxford, Québec, Lansing/ Michigan, Adelaide,
Auckland, Johannisburg
Titelfoto: Bongarts, Sportfotografie GmbH, Hamburg
Fotos auf den Seiten 12, 86 oben, 93 unten, 97, 98, 150 und 157 sind mit
freundlicher Genehmigung von Ekkehard Braun zu Verfügung gestellt worden.
Umschlaggestaltung: Walter J. Neumann, N&N Design-Studio, Aachen
Umschlag- und Satzbelichtung: frw, Reiner Wahlen, Aachen
Lithos: frw, Reiner Wahlen, Aachen
Satz: Quai
Druck: Burg Verlag & Druck, Gastinger GmbH und Co. KG, Stolberg
Printed in Germany
Internetadresse: http://www. meyer-meyer-sports.com
e-mail: verlag@ meyer-meyer-sports.com
ISBN 3-89124-523-8

Inhalt

Vorwort zur 3. Auflage

Die erste Auflage des „Handbuch für den Rudersport" von 1988 wurde bis zuletzt gut nachgefragt. Dies zeigt, dass Dr. Fritsch es seinerzeit mit großer Weitsicht für die damaligen und kommenden Bedürfnisse der Leser konzipiert hatte.

Nach zehn Jahren ist in einem so bewegten und bewegenden Phänomen wie dem Sport eine Überarbeitung sinnvoll. So muss die Ausbildung und Methodik im Rudern zunehmend auf Erwachsene eingehen, weil erfreulicherweise nicht mehr nur Jugendliche den Neuzugang zum Rudern finden.

Stärker als je zuvor wollen nicht nur die Spitzensportler, sondern auch immer mehr Fitness- und Wettkampfsportler nach modernen, gut fundierten Konzepten trainieren. Und in der Boots- und Materialtechnik hat sich ebenfalls einiges getan.

In einem zunehmend ausdifferenzierten Rudersport tut es gut, dass es mit dem vorliegenden Handbuch einen schriftlich fixierten Standard gibt. Nicht alle werden sich daran halten wollen, aber immer wird das Wissen aus dem Handbuch als Vergleichsmaßstab herangezogen werden können. Vor diesem Hintergrund ist die Bedeutung des Handbuchs für den Verband und die Verbandsarbeit sicherlich ebenfalls gestiegen.

Es ist ein glücklicher Umstand, dass der Verfasser, Dr. Fritsch, seit langen Jahren Mitglied des Vorstandes des Deutschen Ruderverbandes ist und hier erfolgreich das Ressort Wissenschaft und Lehre gestaltet, immer wieder aber auch Anregungen für andere Bereiche hat. So ist gesichert, dass auch andere Bereiche wie Ruderreviere und Umwelt berücksichtigt werden.

Anerkennung für und Dank an Dr. Fritsch!

Prof. Dr. Wolfgang Maennig

1. Vorsitzender des Deutschen Ruderverbandes

Vorwort zur 1. und 2. Auflage

Ein erfahrener Sportwissenschaftler und erfolgreicher Rudertrainer legt ein Handbuch vor, das für den Bereich Rudern Atlas und Wegweiser zugleich ist.

Das Handbuch verbindet gelungene Theorie und Praxis und ist als systematischer Überblick über die Sportart Rudern eine willkommene Handreichung für Anfänger und Ausbilder, für Trainierende, für Verantwortungsträger im Verein, kurz für alle, die sich für Rudern interessieren. Neben dem Grundsätzlichen verzichtet der Verfasser nicht auf die notwendigen Beiträge auch zu aktuellen Themen wie Rudern und Umwelt. Er gibt auch Hinweise auf die vielfältigen ruderischen Möglichkeiten in der Gemeinschaft eines Sportvereines vor dem Hintergrund der Welle von Fitness und Wohlbefinden, die für viele Mitbürger einen so hohen Stellenwert haben.

Die eigene Zielsetzung des Verfassers, mit seinem Handbuch das ruderische Interesse vieler zu wecken, unterstützt die Arbeit des Deutschen Ruderverbandes, die Besonderheiten und Vorzüge unseres einzigartigen Sports einer breiteren Öffentlichkeit nahe zu bringen.

Dafür gebührt Dr. Wolfgang Fritsch der herzliche Dank des Deutschen Ruderverbandes.

Henrik Lotz

Ehrenvorsitzender des Deutschen Ruderverbandes
1. Vorsitzender des Deutschen Ruderverbandes von 1983-1995

Auf den Weg gegeben

Keine Sportart kommt heute ohne eine ständige Überprüfung ihrer Inhalte, Grundlagen und Methoden aus. Neue Erkenntnisse, steigende Anforderungen, ein sich stets wandelndes Sportverständnis sowie neue Ansprüche an den Sport und seine Angebotsstruktur zwingen uns dazu, immer wieder neue Überlegungen anzustellen.

Das vorliegende Ruderbuch von Wolfgang Fritsch stellt die Antwort dar auf solche Fragen. Auf der Basis gesicherter Erkenntnis und Erfahrung gibt das Buch anschauliche Informationen zu Ausbildung, Training und Wettkampf sowie zum Freizeitsport Rudern.

Einen wesentlichen Bestandteil bilden in diesem Ruderbuch die Aussagen zur Methodik und zur Rudertechnik. Als ehemals Verantwortlicher des Ressorts *Wissenschaft und Lehre* im Deutschen Ruderverband freue ich mich besonders über diese gelungene Umsetzung wissenschaftlicher Erkenntnisse in die Praxis; dieses umso mehr, weil in diesem Buch gerade für die Ausbildung der Ruderanfänger ganz besondere Hilfen gegeben werden. Das Rudern lernen und das Rudern lehren werden durch dieses neue Ruderbuch leicht gemacht.

Das Buch entwirft ein Bild unserer schönen Sportart Rudern, die ihre Werte bezieht aus den Erlebnissen der Natur, der Gemeinschaft, der Leistung und des Wettkampfes sowie den vergnüglichen Wanderfahrten.

Dieses Ruderbuch gehört in die Hand eines jeden Übungsleiters, Trainers und Ruderlehrers. Es ist Anregung und Hilfe zugleich für jeden, der sich in unserer und mit unserer Sportart Rudern in Hochschule, Schule und Verein beschäftigt.

Friedhelm Kreiß

Ehrenmitglied im Deutschen Ruderverband

Warum Rudern?

1. Einführung

Rudern ist eine vielfältige und erlebnisreiche Sportart und in nahezu allen Altersstufen erlern- und ausführbar. Dieses Handbuch über das Rudern möchte bei je-
nen Lesern, die sich über diesen Sport und seine Möglichkeiten informieren wollen, Interesse und Begeisterung wecken. Denjenigen, die sich bereits für das Rudern entschieden haben, soll es einen systematischen Überblick über die wesentlichen Bedingungen verschaffen, diese Sportart auszuüben. Es ist somit gleicher-
maßen für den Ruderanfänger, den Übungsleiter, den Trainer, den Vereinsfunk-
tionär und nicht zuletzt auch den Nachwuchsruderer im Rennrudern gedacht. Es
beschreibt die Chancen und Möglichkeiten des Ruderns, weist aber auch auf die
Verpflichtung des Vereins und der Vereinsverantwortlichen hin, der Vielfalt und
den Möglichkeiten des Rudersports in der Angebotsstruktur der Vereine gerecht zu
werden.

Rudern gehört nicht zu den mitgliederstarken Sportarten und wird auch auf absehbare
Zeit kein Massensport werden; dennoch sollte nicht versäumt werden, einer
breiten Öffentlichkeit die Besonderheiten und Vorzüge dieser einzigartigen Sportart nahe zu bringen. Die vorrangige Zielsetzung eines Fachverbandes und seiner
Vereine muss darin bestehen, die Anzahl der Mitglieder zu erhalten und die Qualität des Angebotes zu verbessern. Hier ist bereits einiges auf den Weg gebracht,
es bleibt jedoch noch viel zu tun.

Andererseits stellt das Rudern auch keine Konkurrenz zu den sogenannten Presti-
ge-Sportarten wie z.B. Reiten, Golf, Segeln, Ski und Tennis dar. Das Ansehen des
Ruderns gegenüber anderen Sportarten besteht in der Verknüpfung von mehreren
Punkten: Die enge Verbindung dieses Sports mit der Natur und Umwelt, vereint
mit einer Vielfalt von Bedeutungszusammenhängen und den unterschiedlichsten
Arten von Gemeinschaftserlebnissen, stellt ein außerordentliches Bildungsangebot
dar.

Zudem gelang es dieser Sportart in ihrer Tradition und den damit verbundenen
Wertorientierungen, sich von spezifischen Entwicklungen, wie sie in anderen Sport-

arten zu verzeichnen sind (Kommerzialisierung, Leistungsmanipulation etc.), abzugrenzen. Ferner ist das Ansehen des Ruderns geprägt vom Wettkampf- und Leistungscharakter. Mit der Person des Ruderers verbindet man oft auch die Vorstellung von *kräftig* und *konditionsstark*.

Zur dritten Auflage

Entwicklungen im Rudern schreiten in hohem Tempo voran. Seitdem die erste und kurz darauf die zweite Auflage zu diesem Handbuch erschien, haben sich viele Änderungen ergeben, die Nachbesserungen erfordern. Mit der dritten Auflage wird versucht, diesen Entwicklungen nachzukommen. So sind – neben einer moderneren Aufmachung (Grafiken, Fotos, Tabellen etc.) – einige Kapitel überarbeitet, ergänzt und korrigiert worden. Mein besonderer Dank gilt dabei dem Meyer & Meyer Verlag für die fachliche Beratung und gute Zusammenarbeit.

2. Was bietet Rudern?

Rudern ist Mannschafts-, aber auch Individualsport

Rudern ist ein Mannschaftssport, der sich von vielen anderen Mannschaftssportarten, wie z.B. den Sportspielen, unterscheidet. In allen Mannschaftssportarten muss der Leistungsbeitrag des Einzelnen mit dem der anderen koordiniert werden. Während dies in den Sportspielen in Form einer Kooperation – z.T. sehr unterschiedliche Tätigkeiten werden aufeinander abgestimmt – geschieht, müssen im Rudern alle Mannschaftsmitglieder in einem bestimmten Zeitrahmen das Gleiche tun (koagieren). Tradition und ruderhistorische Entwicklung haben als Mannschaftsgefüge im Wettkampfsport den Zweier, Vierer und Achter (jeweils mit und ohne Steuermann) herausgebildet, aber auch den Einer als Möglichkeit der individuellen Leistungspräsentation oder Sportausübung.

Der Achter – Inbegriff der Sportmannschaft

Rudern ist eine gesunde Sportart und bedeutet Fitness und Kondition

Als gelenkschonender Ausdauersport bietet Rudern vom Schüleralter bis in das siebte und achte Lebensjahrzehnt eine hervorragende Möglichkeit, den sich verbreitenden Zivilisationskrankheiten und Bewegungsmangelerscheinungen entgegenzuwirken und sich fit zu halten. Im Vergleich zu vielen anderen Sportarten ist der Ruderer kaum verletzungsanfällig und kann seine Sportart in allen Jahreszeiten ausüben. Wie kaum eine andere Sportart spricht das Rudern eine breite Palette von Muskelgruppen an. Durch die Kombination von Kraft- und Ausdauerfähigkeiten werden fast alle physischen Leistungsfaktoren gesteigert ohne den Einsatz von Zusatzsportarten, -geräten und -maßnahmen.

Rudern ist Natur- und Erlebnissport

Sieht man von spezifischen Trainingsgeräten ab, die die Ruderbewegung und -belastung simulieren können, muss die Sportart in freier Natur ausgeübt werden. Das Prädikat Natursportart wiegt besonders, da sich in zunehmendem Maße Hallen-, Studio- und Kellersportarten etablieren und im Bereich der Natursportarten immer mehr Disziplinen mit Fremdenergie (Motor, Wind) betrieben werden. Das Befahren fremder Flüsse und Gewässer, der Besuch ausländischer Regatten in fremder Umgebung, die Beobachtung von Natur und Tierwelt aus einer ungewohnten Perspektive oder das Erlebnis, fern von Zuhause Tage und Wochen in Zelten zu verbringen, bieten für Alt und Jung besondere Erfahrungsmöglichkeiten und Abenteuer.

Rudern ist ein preiswerter Sport

Das Boots- und Rudermaterial wird von den Vereinen bereitgestellt. Vergleicht man den Mitgliedsbeitrag mit Sportvereinen, die einen ähnlichen Materialaufwand haben, liegen die Rudervereine deutlich darunter. Das Material für den allgemeinen Ruderbetrieb ist bei entsprechender Wartung sehr langlebig.

Rudern ist eine integrative Sportart und kann als Erziehungsmittel eingesetzt werden

Im Unterschied zu vielen anderen Sportarten können Alt und Jung, Frauen und Männer, Eltern und Kinder, Behinderte und Nicht-Behinderte diese Sportart gemeinsam, in einem Boot ausüben. Durch die relativ einfache und leicht erlernbare Bewegungsstruktur, die Anforderungen im vornehmlich aeroben Ausdauerbereich und die relativ *geschlossene* Ausübungsform lassen sich homogene wie heterogene Gruppierungen bilden. Eine große Tradition als eine zentrale Schulsportart hat das Rudern vor allem in den angelsächsischen Ländern. Zahlreiche Schülerrudervereine zeugen davon, dass das Rudern als Mannschaftssport eine Möglichkeit darstellt, soziale Kommunikationsformen zu erfahren und Interessen in eigener Verantwortung zu vertreten. Die spezielle Struktur dieses Mannschaftssports erlaubt soziale Erfahrungen, die pädagogisch sinnvoll erscheinen.

Rudern ist Vereinssport

Rudern wird vornehmlich in Vereinen durchgeführt, die neben dem Motiv und dem Wunsch ihrer Mitglieder, Rudern zu ermöglichen, noch einer Reihe weiterer Bedürfnisse nachkommen können. Sie bieten einen Bezugspunkt im sozialen Leben des Sportlers, sie sind damit Mittel und Ziel zugleich. Neben den organisatorischen Möglichkeiten und Bedingungen zur Ausübung der Sportart verfügt der Verein über ein immenses Repertoire an formalen wie informellen Sozial- und Kommunikationsformen, wie z.B. Geselligkeit, Gruppen, Freundschaften, Feste und Feiern etc. und kann jungen wie älteren Sportlern ein zweites Zuhause bieten.

Rudern – ein trainingsintensiver Wettkampfsport

Rudern ist Wettkampf- und Hochleistungssport

Ein umfangreiches Wettkampfprogramm – vom Kindesalter (ab ca. 11 Jahren) bis ins hohe Alter – bietet demjenigen, der sich im organisierten Wettkampf messen will, hinreichend viele Möglichkeiten. Bis an die 100 Regatten im Frühjahr, Sommer und Herbst, die über das ganze Bundesgebiet verteilt sind, erlauben Vergleiche auf allen Leistungsebenen und -klassen. Das Rennrudern als Leistungs- und Hochleistungssport besitzt nach wie vor eine große Anziehungskraft. Der hohe Trainingsaufwand und die enormen Belastungen fordern vom Athleten den Einsatz seiner gesamten Persönlichkeit.

Rudern ist ein Sport für Behinderte

Rudern ist leicht erlernbar, durch die Koaktion wird der Behinderte, insbesondere auch der Sehbehinderte, zum gleichwertigen Partner. Die Gefahr der Isolation, des Kontaktverlustes und des Minderwertigkeitsgefühls, welche bei einer Behinderung leicht eintritt, wird durch die speziellen Möglichkeiten des Ruderns gemindert. Zahlreiche Aktionen, Projekte und Gruppen im Deutschen Ruderverband zeugen von den Chancen.

Vorbereitungen für eine Tagesfahrt

Rudern ist Freizeit- und Familiensport

Freizeitsport im Allgemeinen ist gekennzeichnet durch die Möglichkeit, in alters-, geschlechts- und leistungsheterogenen Gruppierungen Sport zu treiben, wobei nicht selten mit regelveränderten Übungs-, Spiel- und Wettkampfinhalten den speziellen Interessen und Fähigkeiten der Sportler Rechnung getragen wird. Rudern bietet hervorragende Möglichkeiten, den Motiven nach Ausgleich, Geselligkeit und Spaß in Freundes- und Familienkreisen nachzugeben. Die Garantie einer gewissen Verhaltensfreiheit ohne vorgegebene Leistungszwänge und -normen soll als Form der Lebenserweiterung für die Freizeitruderer und Familien angesehen werden.

Sicher lassen sich die aufgeführten Möglichkeiten um den einen oder anderen Punkt noch erweitern. Die Angebote des Rudersports an die Gesellschaft sind Chance und Verpflichtung zugleich – Chance für den Sporttreibenden, sich der Vielfalt zu bedienen oder besondere Erfahrungen in dem einen oder anderen Bereich zu machen, für den Anbieter, den Verein und Verband, dafür zu werben und so das Image und das Prestige dieser Sportart zu verbessern.

Immer mehr Vereine im Deutschen Ruderverband kommen in ihren Angeboten diesen Verpflichtungen nach und bereichern mit qualifizierten Übungsleitern diesen Sport.

3. Zum Aufbau des Handbuchs

Dieses Handbuch hat einführenden Charakter und soll die Breite der Möglichkeiten dieser Sportart darstellen. Aus der Fülle des Materials wird deshalb ein breites und allgemeines Spektrum entwickelt, in den einzelnen Bereichen jedoch auf sehr spezielle Hinweise verzichtet.

Im ersten Teil erfolgt eine *Grundlegung*, in der der Leser über das Gerät und das Erlernen der Sportart informiert wird.

Der zweite Teil beschäftigt sich mit der Ruderbewegung *(Technik)* und der Entwicklung der physischen Voraussetzungen *(Training)* zum Rudern, wobei besonderer Wert auf praktische Beispiele sowohl zur Technikschulung als auch zur Verbesserung der konditionellen Fähigkeiten gelegt wird.

Der dritte Teil beschreibt verschiedene Anwendungsbereiche der Sportart Rudern im Verein:

- Rudern als *Fitness- und Gesundheitssport*
- *Wanderrudern*
- *Grundlagentraining* für den Rudernachwuchs

Ausgeklammert werden in diesem Handbuch bewusst Fragen und Probleme des Hochleistungsruderns. So sind die Kapitel über Technik und Training im zweiten Teil auf alle Sinnbereiche und Erfahrungsmöglichkeiten im Rudern anzuwenden.

Für interessierte Leser sei auf das „Handbuch für das Rennrudern" verwiesen (vgl. Literaturhinweise).

Im Anhang schließlich finden sich Literaturhinweise, Informationen zu den wichtigsten Wettkampfregeln, Leistungsabzeichen und wichtige Adressen.

Achter kurz nach dem Start

1. TEIL: GRUNDLEGUNG

Das Sportgerät des Ruderers

1. Bootstypen

Die Vielfalt der Bootstypen spiegelt in besonderer Weise die Tradition und die technische Entwicklung des Rudersports wider. Bei den Ruderbooten haben sich prinzipiell zwei Bootstypen herausgebildet, die in den unterschiedlichen Einsatzbereichen genutzt werden und damit ihren festen Platz im allgemeinen Ruderbetrieb wie auch im Leistungssport gefunden haben:

1. Die Gig – der Begriff stammt aus dem Englischen und bedeutet soviel wie „leichtes Ruderboot" – wird vornehmlich als Lern- und Übungsboot sowie als Wanderruderboot eingesetzt. Es ist in der Regel sehr stabil gebaut und reagiert wenig empfindlich auf äußere Einflüsse und rudertechnische Fehler der Insassen.

2. Das Rennboot hingegen wird sehr leicht gebaut; im Training und Wettkampf wird es weitgehend auf die Merkmale und Fähigkeiten des Ruderers abgestimmt, wodurch z.T. sehr aufwendige Konstruktionen erforderlich werden.

Wesentliches Unterscheidungsmerkmal zwischen den beiden Bootstypen ist neben dem Gewicht – und damit der Verwendung mehr oder weniger hochwertiger Materialien – auch die Form. Gigs sind breiter, sie unterliegen in Form und Gewicht bestimmten Vorschriften (Tab. 1), während es für die Rennboote erst seit einigen Jahren nur Mindestgewichte gibt.

Die Gig besitzt außerdem noch einen Außenkiel, ein durchlaufendes Dollbord und einen Dollbordsprung. Das Rennboot besitzt keinen Außenkiel, auch nur noch teilweise einen Innenkiel, hat ein abgesetztes Dollbord und zwei Luftkästen (Abb.1 und 2). Die hohen Anforderungen an die Boote bezüglich Tragfähigkeit, Festigkeit und Haltbarkeit wurden bis vor wenigen Jahren vornehmliche durch die Verwendung von Holz im Bootsbau ermöglicht. Dabei verwendete man Zeder oder Sperrholz für die Bootsschale, Spruce, Esche oder Buche für den Innenausbau. In zunehmendem Maße greift man jedoch mittlerweile auf Kunststoffe zurück (z.B. glasfaserverstärktes Polyesterharz).

Die Gig

Innerhalb des Bootstyps „Gig" unterscheidet man nochmal zwischen A-, B-, C-, D-
und mittlerweile auch E-Booten. Auch bei den Gigs haben sich in den letzten Jahren die Kunststoffboote immer mehr durchgesetzt und stellen mittlerweile – zumindest was Neubestellungen angeht – den überwiegenden Anteil dar.

	A-Gig	B-Gig	C-Gig	D-Gig	E-Gig
Material Bauweise	Holz, Klinker	Holz, Klinker	Holz, Kunststoff	Holz, Kunststoff	Kunststoff mit Holz
(Breite/Länge) Gewicht: Holz/Kunststoff					
Einer m. Stm. Doppelzweier			0,78/ 7,00 m		
(Doppel-) Zweier m. Stm. Doppeldreier	0,90/ 8,25 m 85 kg	0,78/ 8,50 m 75 kg	0,78/ 8,50 m 60 / 85 kg	0,90/ 8,50 m 70 / 90 kg	
(Doppel-) Vierer m. Stm. Doppelfünfer	1,0/ 10,50 m 110 kg	0,78/ 11,00 m 100 kg	0,78/ 11,00 m 85 / 110 kg	1,0/ 11,00 m 90 / 120 kg	0,9/ 11,00 m 80/ 90 Kg
Achter		0,85/ 17,50 m 185 kg	0,85/ 17,50 m 150 kg		

Tab. 1: Abmessungen der Gigs

Unter den Gigs ist das C-Boot die deutlich bevorzugte Bootsart mit einem Anteil von etwa 2/3 bis 3/4 der gebauten Gigs. Bei den Neubauten erfreut sich mittlerweile auch die E-Gig zunehmender Beliebtheit.

A- und B-Boote sind sog. Klinkerboote mit dachziegelartig übereinander gelegten Planken, meist aus Zedernholz oder Mahagoni.

Sie werden wegen ihres hohen Gewichtes und der hohen Herstellungskosten nur noch sehr selten gebaut. C-, D- und E-Boote haben eine glatte Außenhaut aus verleimtem Sperrholz oder Kunststoff (z.B. glasfaserverstärktes Polyesterharz).

C-Gig	Zweier m. Stm.	Vierer m. Stm.	Achter
Länge ü.a.	8,50 m	11,00 m	17,50 m
Größte Breite	0,78 m	0,78 m	0,85 m
Breite Wasserlinie	0,65 m	0,65 m	0,70 m
Mindesttiefe	0,32 m	0,33 m	0,32 m
Mindestgewicht	60 kg	80 kg	150

Tab. 2: Maßvorschriften für C-Gigs

Das Rennboot

Im Rennrudern haben sich seit langem Erfahrungswerte für die Bootsabmessungen der Rennboote herausgebildet, sodass sie sich nur noch in kleineren Details unterscheiden.

Für Rennboote gibt es keine verbindlichen Vorschriften, außer einem Mindestgewicht, das im Unterschreitungsfall ausgeglichen werden muss.

Skull - Boote	ca. Breite (Wasserlinie)	ca. Länge (über alles)	Mindestgewicht*
1x Skiff (Einer)	0,27 - 0,29 m	7,80 - 8,30 m	14 kg
2x Doppelzweier	0,33 - 0,35 m	9,40 - 10,00 m	27 kg
4x Doppelvierer	0,43 - 0,46 m	11,80 - 12,90 m	52 kg
Riemenboote			
2- Zweier ohne Stm.	0,33 - 0,36 m	9,40-10,00 m	27 kg
2+ Zweier mit Stm.	0,37 m	10,00 m	32 kg
4- Vierer ohne Stm.	0,43 - 0,46 m	11,80 - 12,90 m	50 kg
4+ Vierer mit Stm.	0,46 - 0,47 m	12,90 - 13,65 m	51 kg
8+ Achter (teilbar Vorschr.)	0,55 - 0,57 m	16,85 - 17,80 m	96 kg

Tab. 3: Abmessungen für Rennboote (*nach FISA-Bestimmungen)

Auf den Regatten findet man drei Bauweisen:
1. Zunehmend weniger verbreitet sind die aus einem massiven Block formverleimten *Holzboote* mit einem Innenausbau aus Holz. Eine mittlerweile immer weniger praktizierte Art besteht darin, über das vorher gefertigte tragende Gerippe des Bootes 2-3 mm dünne Furnierplanken zu spannen.

2. Bei der *Kompositbauweise* werden die Bootsschalen aus glasfaserverstärktem Kunststoff oder Kevlar gefertigt, während der Innenausbau noch aus Holz ist.

3. In zunehmendem Maße, insbesondere im Spitzenrudern, verwendet man (Voll-) *Kunststoffboote*. Sie sind z.T. um 10 % leichter als die anderen Boote und werden aus Kohlenstoff und Epoxidharzen hergestellt.
   Dabei werden Kiel, Gondelleiste und Spanten durch hochfeste Materialien wie Kohlenstoff und Kevlar verstärkt.

Mit der Barke in der Schleuse

Sonderformen der Bootstypen

Nur noch in sehr geringer Stückzahl sieht man *Seegigs* und *Barken*. Anfangs auch zur Ausbildung eingesetzt, bieten sie nunmehr besondere Erfahrungen, z.B. auf Wanderfahrten oder auf Gewässern mit starkem Wellengang.

Seegigs ähneln normalen Gigs; sie haben die Dolle auf dem Dollbord. Durch den Wegfall der Ausleger sind diese Boote noch breiter gebaut (1,0-1,20 m) als Gigs und die Ruderplätze werden aus der Bootsmitte versetzt angeordnet.

Barken sind so breit, dass die paarweise nebeneinander liegenden Ruderplätze sogar noch durch einen Gang getrennt werden können. Sie sind über 10 m lang und können zwischen 400-800 kg schwer sein (Foto S. 25 oben).

Für die Ausbildung, insbesondere aber auch für den allgemeinen Ruderbetrieb, werden gerne Kunststoffskiffs und -zweier eingesetzt. Sie haben die Form eines Rennbootes, sind aber für den Ausbildungsbetrieb strapazierfähiger gebaut und etwas schwerer als die Rennboote.

Die Kunststoffe, die hier eingesetzt werden, sind nicht so hochwertig und teuer wie im modernen Rennbootbau, sodass diese Kunststoffboote für den allgemeinen Ruderbetrieb Vorteile haben.

Spezielle Ausführungen der Kunststoffskiffs werden für Kinder hergestellt (*Kinder- und Jugendskiff.*) Sie sind in den Abmessungen den Körpermaßen und -gewichten der Jungen und Mädchen angepasst. Zu den Jungen- und Mädchen-Regatten sind z.B. nur Kunststoffskiffs zugelassen, deren Länge 7,40 m nicht überschreitet und die mindestens 18 kg schwer sind.

Bootstyp	ca. Breite (Wasserlinie)	ca. Länge (über alles)
Jugendskiff	0,27 m	7,35 m
Skiff/Rennskiff	0,29 m	8,35 m
C-Einer	0,58 m	7,00 m
Trimmy	0,75 m	5,50 m
Jugendzweier	0,35 m	9,00 m
Zweier/Rennzweier	0,36 m	9,90 m

Tab. 4: Ausbildungsboote in der Übersicht

2. Bootsteile (Abb. 1-3)

1	Dolle	9	Rollsitz	a	Dollenabstand
2	Ausleger	10	Rollbahn	b	Dollen- oder Auslegerhöhe
3	Dollenstift	11	Gondelleiste	d	Dollbordsprung
4	Querlager	12	Steuersitz	bb	Backbord
5	Dollbord	13	Steuer1	stb	Steuerbord
6	Stemmbrett	14	Auslegerspant	A	Bug
7	Fußbrett	15	Luftkasten	B	Heck
8	Innenkiel	16	Schwert	1-4	Nummern der Bootsplätze

3. Bootsgattungen

Ruderboote werden grundsätzlich mit einem, zwei, vier oder acht Ruderern besetzt. In jedem Boot kann ein Steuermann oder eine Steuerfrau hinzukommen. Der Antrieb erfolgt über die Riemen (ein Ruder für jedes rudernde Mannschaftsmitglied) oder Skulls (zwei kleinere Ruder pro Ruderer).

Der Einer (oder das Skiff) ist immer ein Skullboot, der Achter in der Regel ein Riemenboot und mit Steuermann. Die Tatsache, dass es bei den Gigs und den Rennbooten eine bestimmte Anzahl verschiedener Bootsgattungen gibt, ist ein Resultat der historischen Entwicklung des Rudersports und folgt keiner zwingenden Logik. So gibt es beispielsweise den „Sechser mit Steuermann" nicht mehr, bei den Gigs andererseits sieht man in den Vereinen gelegentlich auch noch einen „Einer mit Steuermann", den Doppeldreier (als umbaubarer Zweier m. Stm.) und auch den Doppelachter.

Bei den Rennbooten haben sich mittlerweile acht Bootsgattungen herausgebildet, die als internationale Bootsgattungen z.B. auf Weltmeisterschaften eingesetzt werden (Tab. 5).

Weltmeisterschaften gibt es auch für die Leichtgewichts-(LG-)Ruderer und Junioren wie Juniorinnen. Sowohl das Weltmeisterschaftsprogramm wie auch das olympische erfuhr in seiner Geschichte schon mehrfach Änderungen; es wird der Entwicklung des Rennruderns und der Repräsentanz einzelner Klassen angepasst.

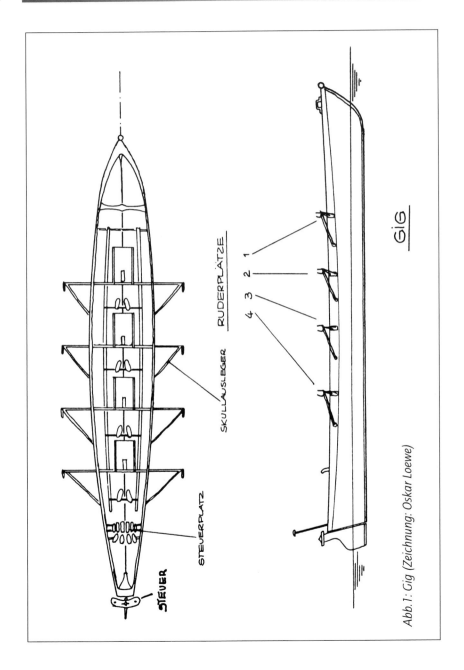

Abb. 1: Gig (Zeichnung: Oskar Loewe)

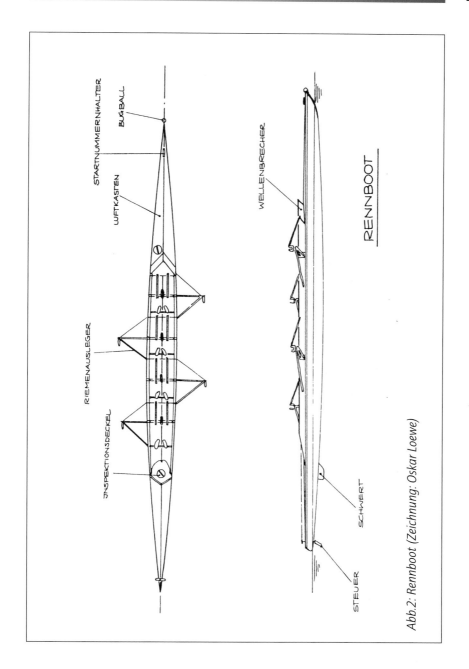

Abb.2: Rennboot (Zeichnung: Oskar Loewe)

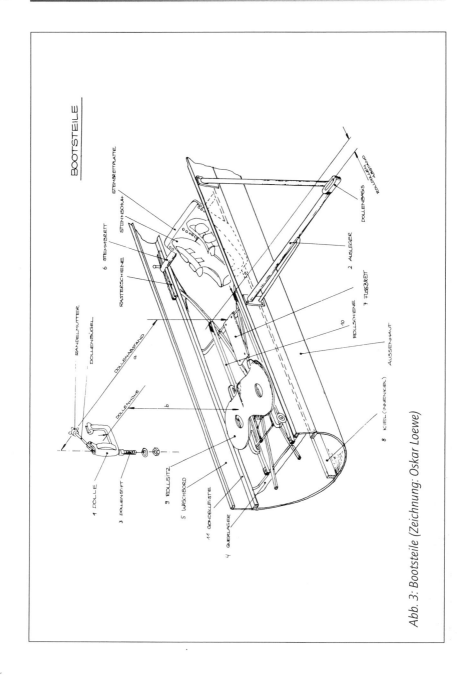

Abb. 3: Bootsteile (Zeichnung: Oskar Loewe)

Bootsgattung	Boote	Männer	Frauen	LG-Männer	LG-Frauen	Junn/m	Junn/w
1x Einer		◆/X	◆/X	◆	◆	◆	◆
2x Doppelzweier		◆/X	◆/X	◆/X	◆/X	◆	◆
4x Doppelvierer		◆/X	◆/X	◆	◆	◆	◆
2- Zweier o. Stm.		◆/X	◆/X	◆	◆	◆	◆
2+ Zweier m. Stm.		◆				◆	
4- Vierer o. Stm.		◆/X	◆	◆/X		◆	◆
4+ Vierer m. Stm.		◆				◆	
8+ Achter		◆/X	◆/X	◆		◆	◆

Tab. 5: Bootsgattungen und ihre Einsatzbereiche bei Olympischen Spielen (X) und Weltmeisterschaften (◆) (derzeitiger Stand bis zu den Olympischen Spielen im Jahre 2000)

4. Ruder

Bei den Rudern (Riemen wie Skulls) verlief die Entwicklung in der Herstellung ähnlich wie bei den Ruderbooten. Im Rennrudern werden nur noch Kunststoffruder eingesetzt. Für die Ausbildung, das Wanderrudern und den normalen Ruderbetrieb sind die preisgünstigeren Holzruder nach wie vor hinreichend. Das traditionelle Holzruder – aus Fichte und Spruce hergestellt – wird in Handarbeit mit einem Hohlschaft gebaut, um Zug und Druck auf den jeweiligen Seiten des Schafts auszuhalten. In der Regel wird unter die Manschette ein Keil eingepasst, der einen Anlagewinkel von 4 Grad gewährleistet und wie die Verstärkung der Schaftrückseite aus Eschenholz ist.

Ein normaler Holzriemen wiegt um die 4 kg; ein Skull ca. 2,5 kg. Die hochwertigen Kunststoffruder sind um einiges leichter und können – nach den Wünschen der Ruderer oder des Trainers – in verschiedenen Härten, verstellbaren Längen und unterschiedlichen Blattformen hergestellt werden. Geringere Ermüdung der Kunststoffe gegenüber dem Holz, verbunden mit einer größeren Unempfindlichkeit des Materials gegen Schläge und Kratzer, ermöglichen eine längere Lebensdauer und intensiveren Einsatz im Rennrudern.

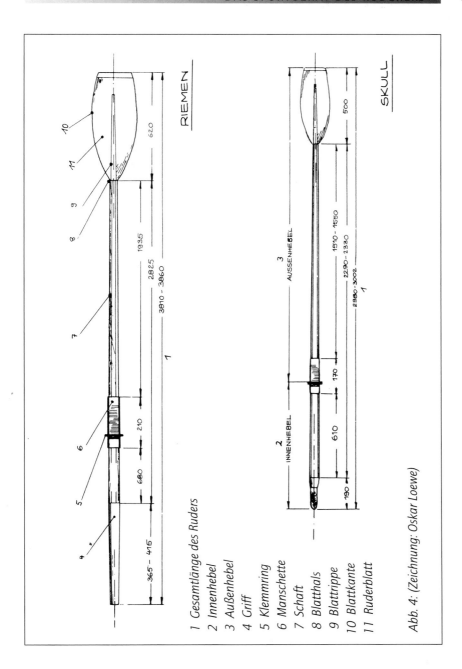

RIEMEN

SKULL

1 Gesamtlänge des Ruders
2 Innenhebel
3 Außenhebel
4 Griff
5 Klemmring
6 Manschette
7 Schaft
8 Blatthals
9 Blattrippe
10 Blattkante
11 Ruderblatt

Abb. 4: (Zeichnung: Oskar Loewe)

5. Trimmen von Booten

Im Rudern versteht man unter „Trimmen" die Anordnung und Anpassung des Geräts (Boot und Ruder) an die konstitutionellen und konditionellen Bedingungen des Ruderers sowie die spezifischen Verwendungs- und Einsatzmöglichkeiten.

Ein sinnvolles Lernen für den Ruderanfänger, die Ausnutzung der Kräfte eines Spitzenruderers oder die ökonomische Arbeit auf Wanderfahrten sind nur möglich, wenn das Gerät richtig getrimmt ist. Im Laufe der Boots- und Ruderentwicklung haben sich gewisse Erfahrungswerte herausgebildet, die bereits beim Bau der Boote in einer Werft berücksichtigt werden.

Deshalb ist bei der Bestellung eines Bootes zu berücksichtigen, für welches durchschnittliche Körpergewicht das Boot gebaut werden soll. Auch die mittlere Dollenhöhe, der minimale und maximale Dollenabstand sowie die Stellung der Dolle zum Hauptspant sollte angegeben werden. Besonderheiten, wie Rollbahnlänge, Rollsitz, evtl. Schuhgröße, Anpassung des Steuerschuhs auf Back- oder Steuerbord und die Art der Dolle, gehören ebenso zu den Angaben für die Werft.

Der wesentliche Schritt beim Trimmen erfolgt durch die Festlegung des Einsatzbereichs eines Bootes oder der Ruder. Soll ein Boot für die Ausbildung erwachsener Anfänger eingesetzt werden, für Wanderfahrten oder als Gig für den Wettkampf bei „Jugend trainiert für Olympia"?

Der Ruderverein ist zwar darauf angewiesen, ein Boot von mehreren Gruppen und in verschiedenen Bereichen zu nutzen, dennoch hilft – zumindest für bestimmte Einstellmöglichkeiten – die Angabe des Einsatzbereichs.

Grundsätzlich muss berücksichtigt werden, dass jede Einstell- oder Verstellmöglichkeit am Boot zwar die individuelle Anpassung ermöglicht, dies jedoch – beim Rennboot wichtig – mit erhöhtem Gewicht, höherer Störanfälligkeit und verringerter Lebensdauer erkauft wird.

Im Vereinsbetrieb sollten alle Boote regelmäßig in ihren Abmessungen überprüft und auf den Anwendungsbereich angepasst werden. Falsche Einstellungen am Boot führen zu rudertechnischen Fehlern und können auch Überlastungs- und Schädigungserscheinungen hervorrufen (z.B. Unterarme oder Rücken).

	Allg. Rudern	Wander-rudern	Kinder/ Schüler	Renn-rudern	Verstell-/Einstellmöglichkeiten	Welches Werkzeug?
Dolle						
Dollenhöhe	X	X	X	X	Auslegerloch, Unterlagscheiben, Schlitzscheiben,	Höhenmessgerät, Messlatte, Wasserwaage
Dollenabstand	–	–	X	X	Verschieben der Dollen am Ausleger	Zollstock/Metermaß
Dollenstift	–	–	–	X	Lotrechtstellen	Lotrechtmessgerät
Anlagewinkel	–	–	X	X	Exzentereinsatz drehen, Anlagakeile	Anlagemessgerät, Wasserwaage
Rollbahn						
Längsrichtung	–	–	X	X	Länge der Rollbahn, Verschieben in Längsrichtung	Metermaß
Stemmbrett						
Längsrichtung	X	X	X	X	Versetzen in Bootslängsrichtung	
Stemmbrettneigung	–	–	–	X	Veränderung des Neigungswinkels	evtl. Winkelmesser
Stemmbretthöhe	X	X	X	X	Höher-/tiefer setzen der Ruderschuhe/Fersenkappe	
Ruder						
Anlagekeil	–	–	–	–	Neue Manschette anpassen	Anlagemessgerät
Ruderlänge	–	–	–	X	Verlängern/verkürzen des Ruders	Metermaß
Hebelverhältnis	X	X	X	X	Versetzen der Klemmringe	Metermaß
Blattform	–	–	–	–	Austausch des Blattes	
Steuer						
Form	–	–	–	X	Austausch des Steuers	
Fußsteuer bb. oder stb.	–	X	–	X	Anpassung der Steuerleine, Wechsel des Schuhs	

Tab. 6: Was man für welchen Verwendungszweck einstellen oder trimmen kann

Eine sinnvolle Vorgehensweise beim Trimmen von Booten verläuft in folgenden Schritten:

1. Festlegung des Verwendungszwecks für Boot und Ruder
2. Festlegung des Personenkreises (z.B. durchschnittliches Körpergewicht, Körpergröße)
3. Anschrauben der Ausleger (Festlegung der mittleren Dollenhöhe)
4. Boot in die Waage legen (Querrichtung) und festspannen
5. Lotrechtigkeit des Dollenstifts überprüfen
6. Messen der Dollenhöhe von der Bordwand oder der Rollbahn aus; Dollenhöhe einstellen
7. Abstand des Dollenstiftes oder der Rollbahn in Bootslängsrichtung einstellen
8. Dollenabstand einstellen
9. Dollenneigung einstellen (Messung an der Dolle und am Blatt)
10. Schrauben festdrehen

Notwendiges Werkzeug und Zubehör :
- Gabelschlüssel: 10/11, 13/14, 17/19
- Schraubenzieher (verschiedene Größen)
- Wasserwaage, Zollstock, Anlagemessgerät, Lotrechtmessgerät
- Höhenmessgerät oder Messlatte
- Zwei Schraubzwingen und zwei Dachlatten
- Zubehör: Ersatzschrauben, -muttern, Schlitzscheiben, Anlagekeile, Winkelmesser

Stemmbrett

Für alle Boote muss dieses Bootsteil in ausreichendem Maß verstellbar sein, da es sich um die wichtigste Anpassungsmöglichkeit des Ruderers an das Boot und umgekehrt handelt. Mit der Stemmbretteinstellung können bis zu einem gewissen Grad die Körpergröße, Hebelabmessungen, Ruderwinkel, Kraftübertragung und nicht zuletzt Rudertechnik beeinflusst und kompensiert werden.

Verstellbar für alle Boote sollten die Längsrichtung und die Fersenhöhe sein. Für das Rennrudern empfiehlt sich zudem noch eine verstellbare Neigung, d.h. der Winkel des Stemmbretts zur Horizontalen (in der Regel etwa 40-45 Grad). Hilfreich für den Rennruderbetrieb sind Spezialschuhe, die am Stemmbrett befestigt sind und den Ruderern einen besseren Halt geben.

Verstellungen des Stemmbretts können bewirken:

- Je weiter das Stemmbrett in Richtung Heck verstellt wird, umso größer ist die Auslage, umso eingeschränkter die Rücklage, der Rollweg und der Platz zum Ausheben am Körper.

- Je weiter das Stemmbrett in Richtung Bug verstellt wird, umso kleiner ist der Auslagewinkel, umso mehr Platz besteht für das Ausheben am Körper; der Ruderer hat unter Umständen Probleme bei der Beinstreckung.

- Je höher die Fersenkappe (Schuhe) am Stemmbrett ist, umso schwieriger kommt der Ruderer in die Auslage, umso mehr muss der Ruderer – um in Auslage zu kommen – die Knie anwinkeln.

- Je niedriger die Ferse, umso weniger geht die Stoßrichtung der Beine in die Horizontale, umso leichter kommt der Ruderer in die Auslage und umso eher stoßen seine Waden am Querlager an.

- Je steiler das Stemmbrett, umso wirkungsvoller ist der Endzug, umso weniger Kontakt hat die Ferse zum Stemmbrett und umso schwieriger wird die Auslage.

- Je flacher das Stemmbrett, umso bequemer ist die Körperposition in der Auslage, umso mehr werden die Füße in der Rücklage überstreckt.

Rollsitz und Rollbahn

Die Rollbahn besteht aus zwei Rollschienen, die je nach Bootsbreite eine Spurbreite von 16,5, 23 und 28 cm aufweisen. Sie steigt zum bugseitigen Ende um ca. 1,5 cm an und wird im Rennboot zwischen 2-8 cm heckwärts und in den Übungs- und Wanderbooten 0-3 cm heckwärts der Anlagefläche der Dolle eingerichtet. Diese Einstellung beeinflusst die Stellung des Ruderers zur Dolle im ersten Teil des Zuges und wird in der Ausnutzung der Rollbahn von der Stemmbretteinstellung bestimmt.

Ausleger und Dolle

Von den – je nach Verwendungszweck aus Stahl, Aluminium oder Kunststoff her-
gestellten – Auslegerkonstruktionen erwartet man eine hohe Druck- und Verwin-
dungssteifigkeit und ein geringes Gewicht. Auf Wunsch werden die Ausleger von
den Werften mit stufenweiser Höhenverstellbarkeit und der Möglichkeit zur Verän-
derung des Dollenabstandes geliefert. Letzteres empfiehlt sich jedoch nur für den
Trainings- und Rennbetrieb, während die Höhenverstellbarkeit für alle Boote notwendig ist.

Die extremen Belastungen an der Dolle werden von einem senkrecht zur Boots-
ebene stehenden Dollenstift (aus Stahl) aufgenommen, auf den die Kunststoffdol-
len aufgesetzt und befestigt werden. Neben der groben Höheneinstellung am
Ausleger (in cm-Stufen) sollte für den Rennbetrieb auch eine feinere Einstellung
mittels Distanzscheiben an der Dolle möglich sein. Verstellbar im Bereich Ausleger
– Dolle sind prinzipiell die Dollenhöhe, der Anlagewinkel und der Dollenabstand.

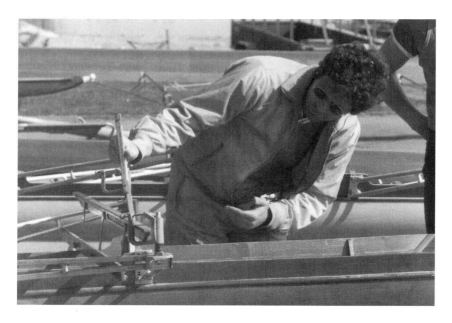

Messen der Dollenhöhe

Dollenhöhe und Dollenabstand

- Je höher die Dolle (über dem tiefsten Punkt des Rollsitzes), umso größer ist die Bewegungsfreiheit bei der Handführung, umso instabiler wird die Lage des Bootes.

- Je niedriger die Dollenhöhe, umso stabiler die Bootslage, umso weniger Bewegungsspielraum bei der Handführung.

- Je größer der Dollenabstand, umso größer wird das Kraftmoment, umso weicher kann das Hebelverhältnis gewählt werden, umso geringer ist der Übergriff beim Skullen, umso größer ist die Belastung für den Ausleger.

- Je geringer der Dollenabstand, umso höher erscheint der Druck, umso größer kann der Arbeitswinkel werden.

Anlagewinkel
Es ist insbesondere im Rennruderbetrieb erforderlich, dass sich der Winkel der Dollenanlagefläche gegen die Ruder während des Durchzuges verstellen lässt. Verschiedene Mechanismen werden dabei angewandt, wobei die Exzenterdolle und die Wechselkeildolle die einfachste und exakteste Handhabung ermöglichen. Besonderes Augenmerk ist dabei auf die lotrechte Einstellung des Dollenstiftes zu richten. Bei der Wechselkeildolle werden die Anlageflächen in Form kleiner angepasster Keile (von −4 bis +4 Grad) eingeschoben und mittels kleiner Schrauben fixiert. Bei der Exzenterdolle ändert sich die Neigung der Anlagefläche durch das Verdrehen des Exzenters gegenüber dem Dollenkörper.

- Je größer der Anlagewinkel, umso schwerer lässt sich das Blatt drehen, umso weniger unterschneidet das Blatt, umso kleiner ist der Winkel des Ruders zum Wasser.

- Je kleiner der Anlagewinkel, umso vortriebswirksamer ist die Arbeit, umso tiefer taucht das Blatt, umso leichter kann das Blatt gedreht werden.

Riemen und Skulls

Die meisten Werften und Ruderhersteller liefern Riemen und Skulls mit einer eingebauten Anlage von 3-4 Grad und Standardabmessungen hinsichtlich der Blattform (Macon-Blatt oder Big Blade). Von den Vereinen wird dann lediglich die Länge und Blattform der Ruder bestimmt, im Rennrudern eventuell auch noch die Durchbiegungssteifigkeit, die sich mit Hilfe der neuen Kunststoffmaterialien genau dosieren lässt.

Generell verstellbar ist der Klemmring, mit dessen Hilfe man das Verhältnis zwischen Innenhebel und Außenhebel und damit das Hebelverhältnis einstellen kann. Neuere Konstruktionen erlauben auch die Längenverstellbarkeit des Ruders um einige Zentimeter.

- Je länger das Ruder, umso größer und/oder kräftiger sollte der Ruderer sein, umso höher sollte die Bootsgeschwindigkeit sein, umso schneller sollten die Ruder an den Umkehrpunkten bewegt werden.

- Je kürzer der Innenhebel, umso länger der Wasserweg des Blattes, umso höher der Druck, umso höher die Blattgeschwindigkeit bei gleicher Schlagfrequenz.

- Je länger der Innenhebel, umso leichter die Kraftübertragung, umso geringer die Auslage, umso mehr Rücklagewinkel wird gefordert, umso niedriger die Blattgeschwindigkeit bei gleicher Frequenz.

Erfahrungs- und Richtwerte für Ruderboote

Folgende Tabelle dient als Übersicht und Hilfe zur Einstellung der verschiedenen Boote für den Trainings- und Rennbetrieb, für das Kinder- und Jugendrudern sowie für den allgemeinen Ruderbetrieb und Wanderboote.

Die Spannen bei den Abmessungen sollen entsprechend den o.a. Hinweisen verstanden werden. Sicher sind darüber hinaus andere Einstellungen möglich, zumindest für den Rennbetrieb jedoch selten. Beachtet werden muss, dass die Abmessungen der Boote für Junioren, Juniorinnen, Frauen oder auch Leichtgewichte ebenfalls abgeändert werden können, sie variieren meist in der verwendeten Ruderlänge.

Für alle gilt:
1. Abstand Ferse – tiefste Stelle des Rollsitzes: 15-20 cm
   (je nach Unterschenkellänge)
2. Dollenhöhe: Skullboot 15-18 cm,
   (Unterschied Backbord/Steuerbord 0-1,5 cm)
   Riemenboot 14-17 cm
   (Unterschied Backbord/Steuerbord 0-1,5 cm)
3. Anlage am Ruder : 0-4 Grad (Big Blade: 0-3 Grad)
4. Außenneigung des Dollenstifts: 0 Grad
5. Anlage gesamt : 4-8 Grad
6. Neigung des Stemmbretts zur Bootlängsachse 40-46 Grad

Altersklasse/ Einsatzbereich	Normalblatt (Macon-Blatt) in cm		Big Blade in cm	
	Skull	Riemen	Skull	Riemen
Jungen und Mädchen	285 - 295	370 - 378		
Junioren/Juniorinnen B	294 - 298	375 - 380		
Juniorinnen A	294 - 298	378 - 380	287 - 290	370 - 374
Junioren A	296 - 300	382 - 385	288 - 291	373 - 376
Frauen LG	296 - 298	380 - 382	288 - 290	370 - 374
Frauen	296 - 298	382 - 384	288 - 291	373 - 376
Männer LG	298 - 300	382 - 385	289 - 291	374 - 376
Männer	298 - 302	382 - 386	289 - 293	376 - 378
Allgemeiner Ruderbetrieb	295 - 298	375 - 382	288 - 291	374 - 376
Wanderrudern	295 - 298	375 - 380		

Tab. 7: Längenempfehlung für Ruder (Macon-Blatt und Big Blade)

Boote	Dollenabstand in cm	Innenhebellänge in cm
Rennboote		
1x	158 - 162	87 - 90
2x	158 - 162	87 - 89
4x-/4x+	158 - 160	87 - 88
2-	85 - 87	115 - 117
2+	86 - 87	116 - 118
4-/4+	84 - 86	114 - 116
8+	83 - 84	113 - 115
Gigs		
Skullboote	160 - 162	84 - 86
Riemenboote	82 - 84	112 - 114
Kinderboote		
Skullboote	157 - 160	86 - 87
Riemenboote	85 - 86	115 - 116

Tab. 8: Bootsabmessungen und Innenhebel

6. Lagerung und Pflege der Boote

Bei der *Lagerung der Boote* in der Halle ist darauf zu achten, dass die Boote in ihren (mindestens 4) Auflagepunkten gleichmäßig belastet werden und die Abstände zwischen den Lagern nicht zu eng oder zu weit werden. Deshalb ist es sinnvoll, für den langen Achter drei Auflageflächen (= 6 Auflagepunkte) vorzusehen. Bei den Vierern und Zweiern werden die Lager so angebracht, dass sie jeweils vor und hinter dem Auslegerbereich, bei den Vierern direkt, bei den Zweiern im Abstand von ca. 0,50-0,80 m, das Boot unterstützen. Prinzipiell werden die Boote in der Halle *kieloben* gelagert. Eine Ausnahme stellen Skiffs dar, wenn sie aus Platzmangel in zwei Gurten über eine Rolle an die Hallendecke gezogen werden. Für die Lagerung außerhalb der Halle finden – dem Lagerungszweck entsprechend – verschiedene Böcke Verwendung:

1. Der *normale Bock* zur Lagerung des Bootes *kieloben*: um den Bootskörper zu putzen oder bis zur weiteren Verwendung auf dem Bootsplatz zu lagern.

2. Der *Gurtbock*, um das Boot *kielunten* zu lagern. So kann es – relativ stabil liegend – von innen gesäubert werden oder es können Bootsvermessungen vorgenommen werden.

3. Der *Klappbock*: er ist ähnlich wie der Gurtbock gedacht zur offenen Lagerung des Bootes; er ist zudem geeignet für die Verwendung auf Regatten.

Alle Böcke sollten so konstruiert sein, dass auch eine Lagerung *kieloben* erfolgen kann.

Bereits bei den Ruderanfängern ist darauf zu achten, dass das Sportgerät (Boot und Ruder) sorgsam gepflegt wird. Nach dem Rudern wird das Boot mit Wasser abgespritzt und mit einem sauberen, nassen Lappen abgewischt. Die Ruder werden ebenfalls mit einem Lappen gesäubert. In der Regel sind keine Zusätze (Waschmittel, Seifenlauge) notwendig. Allerdings ist es bei der Verschmutzung einiger Gewässer ratsam, das Sportgerät gründlicher zu säubern.

Rudern lernen

Das Rudernlernen bedarf einer sachkundigen Anleitung, die darin besteht, dass – unabhängig von persönlichen Motiven und Anwendungsbereichen – bestimmte, grundlegende Elemente beherrscht werden, damit man mit mehreren gemeinsam rudern kann und eine hinreichende Sicherheit bei der Ausübung dieser Sportart gegeben ist.

Das Nachdenken über die *beste* Methode, wie man das Rudern erlernen soll, hat in dieser Sportart eine lange Tradition; an dieser Stelle soll jedoch nicht auf die verschiedenen Entwicklungsstufen und Positionen eingegangen werden. Das hier vorgestellte Konzept berücksichtigt diese Positionen und versucht, den Gegebenheiten in den Vereinen und Ruderabteilungen gerecht zu werden. Festzuhalten ist, dass es sicher mehrere Möglichkeiten gibt, aber auch, dass vor einer *Vermethodisierung* einer relativ einfachen Aufgabe gewarnt werden soll. Die hier vorgestellte Grundlegung hat ihren Zweck erfüllt, wenn man sie als *eine* Möglichkeit und hilfreiche Anregung zum Rudernlernen versteht. Sie geht davon aus, dass eine Spezialisierung erst anschließend erfolgt (z.B. das Techniktraining für den jugendlichen

Rennruderer oder spezifische Kenntnisse für das Wanderrudern), deshalb gilt sie auch für jede Alters- und Könnensstufe. Natürlich sind entsprechend den Lernvoraussetzungen, Vorerfahrungen und sportlichen Fähigkeiten Unterschiede im Lerntempo und in der Vorgehensweise zu machen. Es ist jedoch eine erklärte Absicht der Grundlegung, nicht möglichst schnell zum Erfolg zu kommen, sondern auch das *Rudernlernen* bereits zu einem unvergesslichen Erfahrungsbereich und Erlebnis werden zu lassen.

1. Methodische Hinweise zur Grundlegung

Vielfalt des Bewegungsangebots

Der Übungsleiter oder Sportlehrer sollte darauf achten, dass Erfahrungen zu den verschiedenen Elementen der Grundlegung in den unterschiedlichen Bootsarten und -gattungen gemacht werden. Auch wenn die Voraussetzungen günstig sind, stellt es nicht unbedingt den optimalen Weg dar, die Grundlegung nur im Einer (Skiff) zu organisieren. Es ist dabei auch unerheblich, ob die ersten Erfahrungen in den einzelnen Schritten in der Mannschaftsgig, im Skull- oder Riemenboot oder auch im Skiff gemacht werden. Nicht die kurze Dauer des Erlernens bestimmter Bewegungsabläufe, sondern die vielfältigen Erfahrungen mit den unterschiedlichen Boots- und Ruderarten sowie Mannschaftszusammensetzungen stehen im Vordergrund. Damit verliert auch das oft geäußerte Prinzip der Ruderausbildung *„erst skullen – dann riemenrudern"* seine absolute Gültigkeit.

Entwicklungsgemäßheit

Rudern kann in jedem Alter (ab ca. 8 Jahren) und unter nahezu allen Voraussetzungen gelernt werden. Das günstigste Lernalter jedoch liegt – wie in vielen anderen Sportarten auch – zwischen dem 10. und 13. Lebensjahr, was in der Angebotsstruktur der Vereine zu berücksichtigen ist. Auswahl und Schwerpunkt der Übungsangebote und das Sportgerät selbst sollten entwicklungsgemäß sein (z.B. Abmessungen des Boots- und Rudermaterials).

Bewegungsdemonstration

Eine korrekte Bewegungsvorstellung, die zudem mit der Kenntnis der Bewegungsfunktion verbunden ist, hilft dem Ruderanfänger ungemein. Durch die direkten Rückmeldungen, z.B. im Balanceverhalten, wird das Skiff zwar oft als bester Lehrmeister gepriesen, sollte aber in seiner Aufgabe durch Filme oder Videoaufnahmen über den Bewegungsablauf ergänzt werden. In der Grundlegung sicher das effektivste und für die Anfänger anerkannteste Mittel ist wohl die Demonstration durch den Übungsleiter selbst. Bei der Demonstration der Bewegungsabläufe ist zu berücksichtigen, dass das Wesentliche an der Bewegung herausgehoben wird. Die Bewegungsausführungen dürfen nicht in einer Form erstarren und damit zum Selbstzweck werden. Nicht eine kaum nachvollziehbare aesthetische Bewegung, die Form also, sondern der beabsichtigte Effekt (die Funktion) zählt. Mit der Erklärung der Bewegung und der Aufgaben sollten auch gleich die notwendigen Fachausdrücke verbunden werden. Dabei ist zu beachten, dass dies anschaulich und in (alters-)angemessener Dosierung geschieht.

Ganzheitliches Vorgehen

Als zyklischer Bewegungsablauf sollte die Ruderbewegung stets ganzheitlich vermittelt werden und nicht in zergliederten Teilbewegungen, weder im Ruderbecken noch im Boot. Die Erklärungen der Bewegungsabläufe sollten stets auch deren Funktion oder Absicht beinhalten, womit auch die Aufforderung verbunden sein kann, eigene Lösungen zu suchen.

Bewegungsaufgaben

Zu jedem Lernschritt oder Element sollten ergänzende Bewegungsaufgaben und -ziele gesetzt werden. Hier bietet sich eine Reihe von Spiel- und Wettbewerbsformen an, die nicht nur der Festigung erlernter Bewegungsabläufe dienen, sondern die Ruderanfänger motivieren und die Ausbildung auflockern können.

Unterrichtsorganisation

Abhängig von den Gegebenheiten des Ruderreviers und den situativen Verhältnissen variiert natürlich auch die Anzahl der Ruderanfänger für Übungsleiter oder Ausbilder. Auf einem verkehrsreichen, stark strömenden Gewässer kann der Übungsleiter nicht mehr als vier Anfänger beaufsichtigen (er steuert einen Gigvierer); auf einem windgeschützten See, der zudem noch relativ flach ist (zum Wiedereinstieg ins Boot), können durchaus bis zu zwölf Ruderanfänger betreut werden.

Zur Schonung des Bootsmaterials sowie zur Gewährleistung der Sicherheit während der Ausbildung ist vom Übungsleiter der richtige Standort zu wählen. Prinzipiell kann er einen Standort an Land (auf dem Bootssteg) oder auf dem Wasser (im Boot als Steuermann oder Mitrudernder, als Begleitung im Skiff oder im Motorboot) wählen. Die Skizzen deuten einige grundlegende Möglichkeiten an (Abb. 5).

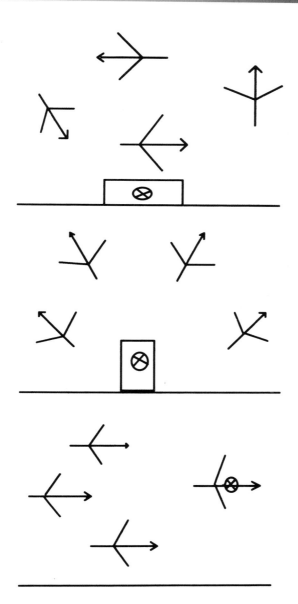

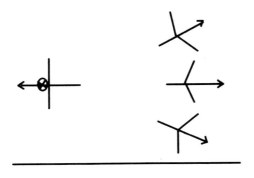

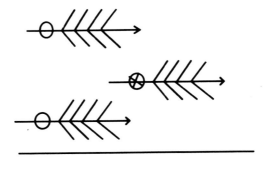

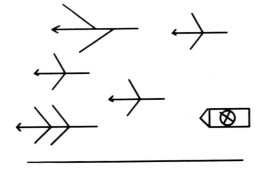

Abb. 5

2. Elemente des Rudernlernens

Unabhängig von den persönlichen Motiven oder Zielsetzungen bleiben dem Anfänger und damit auch dem vermittelnden Übungsleiter sieben Lernstufen oder Elemente bei der Grundlegung im Rudern, die aufeinander aufbauen und deren Beherrschung für alle Ruderbereiche, ob sich der Anfänger für das Rennrudern, das Wanderrudern oder Freizeitrudern entscheidet, notwendig ist.

Elemente des Rudernlernens
1) Vertraut machen mit dem Gerät und dessen Behandlung
2) Sicherung der Balance
3) Vorwärts rudern
4) Bootsmanöver
5) Situationen bewältigen
6) Steuern
7) Orientierung über die verschiedenen Bereiche des Ruderns

Element 1: Vertraut machen mit dem Gerät und dessen Behandlung

Bevor man mit dem Anfänger auf das Wasser geht, empfiehlt sich ein Rundgang durch die Bootshalle des Vereins. Anhand der dort gelagerten Boote lassen sich anschaulich die unterschiedlichen Ruder- und *Bootsarten* und auch *Bootsklassen* und Bootsgattungen erklären. Auch lässt sich leicht ein Boot in dafür vorgesehene Böcke legen, damit man den Aufbau sowie die Funktion und den Gebrauch einzelner Teile, wie z.B. *Rollsitz, Stemmbrett, Ausleger, Dolle* und selbstverständlich *Riemen* und *Skulls* veranschaulichen kann. Man sollte dabei nicht vergessen zu erwähnen, welche Entwicklung das Bootsmaterial in der nun über 160-jährigen Geschichte des Rudersports durchlaufen hat.

Weitere Hinweise beziehen sich auf den Transport der Boote zum Steg bzw. Wasser. Wesentlich dabei ist, dass sich die Ruderer mit jeweils etwa gleicher Körpergröße gegenüberstehen, und zwar am bug- und heckwärtigen Teil des Bootes, nicht innerhalb des Auslegerbereichs. Das Skiff wird (noch) zu zweit getragen, und zwar in der Weise, dass jeder der Träger ca. 1-1,5 m von den Bootsenden entfernt ist. Dadurch soll das Durchschwingen der schmalen Boote verhindert werden. Nachdem die Skulls oder Riemen zum Steg gebracht worden sind und dort so gelagert wurden, dass sie nicht der Gefahr einer Beschädigung ausgeliefert sind, wird

Tragemöglichkeiten von Skiffs für Anfänger und Fortgeschrittene

das Boot zunächst auf den Händen aus der Halle und dann auf den Schultern zum Steg gebracht. Gigs werden in der Regel über ihren Außenkiel über den Steg oder eine dort angebrachte Rolle zu Wasser gelassen, schmale Boote, wie die Kunststoffskiffs, seitlich ins Wasser gesetzt.

Der Übungsleiter demonstriert das Einlegen der Skulls oder Riemen in die Dolle: sie werden an der schmalsten Stelle des Schaftes (Blatthals) in die Dolle eingesetzt und bis zum *Klemmring* in die *Dolle* hineingeschoben. Die zum Wasser hin zeigenden Ruder sind bis zum Einsteigen ins Boot quer über die Bordwände gelegt. Beim Einlegen der Ruder ist darauf zu achten, dass *Backbord* und *Steuerbord* nicht verwechselt werden und dass die Dollen beim Einlegen der Ruder zum Heck zeigen.

Diese erste Stufe wird abgeschlossen mit der Erklärung des Einsteigens und der richtigen Einstellung des Stemmbretts. Beim Einsteigen ist zu berücksichtigen, dass man nur auf die dafür vorbereitete Stelle, das Einsteigebrett zwischen den beiden Rollbahnschienen, tritt, während man die Skulls oder den Riemen mit der dem Wasser zugewandten Hand festhält. Der Rollsitz ist dabei hinter der Ferse des auf dem Einsteigebrett stehenden Fußes, die andere Hand hält sich am stegseitigen Ausleger oder am Steg selbst fest.

Es hat sich als sinnvoll erwiesen, dass die Anfänger nacheinander einsteigen, während der Übungsleiter auf dem Steg das Boot hält.

Die Einstellung der Stemmbretter erfolgt, wenn das Boot vom Steg abgelegt hat, also auf dem Wasser ist. Dabei werden die Innenhebel zwischen Oberkörper und Oberschenkel geklemmt, während die Beine der Ruderer über die Bordwand gelegt oder auf die Bodenbretter (in der Gig) gestellt werden.

Mit den Händen lassen sich nun die Stemmbrettschrauben lösen und das Stemmbrett einstellen. Als Faustregel für das Einstellen der Stemmbretter in Skullbooten gilt: bei ausgestreckten Beinen und leichter Rücklage sollten die Griffenden der Skulls gerade noch am Körper vorbeigezogen werden können. Im Riemenboot sollte der Innenhebel mit dem Oberkörper abschließen.

Element 2: Sicherung der Balance

Das Boot liegt nun auf dem Wasser und die Ruderer haben die Grund- oder Sicherheitsstellung eingenommen. Dabei liegen die Blätter der Ruder flach auf dem Wasser, die Anfänger sitzen mit durchgestrecken Beinen, die Ruder über den

Knien haltend, im Boot. Diese Grund- oder *Sicherheitsstellung* wird jedes Mal eingenommen, wenn eine Bewegungsaufgabe beendet worden ist. Mit Hilfe der
flachgedrehten und auf dem Wasser liegenden Ruderblätter können nun allerlei
Gleichgewichtsübungen durchgeführt werden, die dem Anfänger zwar die kippli-
ge Reaktion des Bootes verdeutlichen, ihm aber auch nach und nach ein Gefühl
der Sicherheit geben sollen. Beliebte Formen sind z.b., dass der Übungsleiter (ver-
geblich) versucht, das Boot umzuwerfen. Die Ruderer fixieren das Boot, indem sie
die Ruder in einer Höhe halten, oder sie drücken beide Innenhebel ins Boot und
lässt sich von einer Seite auf die andere kippen. Eine wesentliche Erfahrung, auch
für weitere Aufgabenstellungen ist, die Lage des Bootes durch die Führung der Innenhebel zu beeinflussen. Liegen die Blätter flach auf dem Wasser und hebt man
eine Seite, z.B. Backbord, höher, kippt das Boot nach Steuerbord und umgekehrt.

Einsteigen ins Skiff

Element 3: Vorwärts rudern

Nun kann man auch das frei schwimmende Blatt senkrecht stellen und auf einer Seite leicht zum Körper ziehen. In dieser Weise *erfühlt* man die richtige *Blattlage* im Wasser bzw. den richtigen Weg des Blattes im Wasser. Die rudernde Hand ist dabei immer über der Hand, die ruhend auf dem Oberschenkel liegt. Bei diesem einseitigen Vorwärtsrudern, bei dem nicht oder kaum gerollt wird, sollte seitens des Übungsleiters bereits auf die richtige Handhaltung geachtet werden. Bei senkrecht gedrehtem Blatt umfassen nur die Finger den Griff, die Handinnenflächen berühren nicht den Griff und das Handgelenk bleibt gerade, d.h. Handfläche und Unterarm bilden eine Linie.

Diese Übungen im Wechsel, also rechts und links, können sehr bald mit der gesamten Mannschaft durchgeführt werden bzw. im Skiff zu vielfältigen Aufgabenstellungen führen.

Für das Vorwärtsrudern im Skiff unabdingbar, in der Gig zu diesem Zeitpunkt zwar möglich, aber noch nicht nötig, ist das Auf- und Abdrehen der Blätter. Das Schleifen der Blätter auf dem Wasser bewirkt eine relativ stabile Lage des Skiffs (und der Gig). Während das Skiff Fehler in der Blattführung meist sofort zurückmeldet, ist dies in der Gig nicht unbedingt der Fall. Deshalb ist sehr viel Wert auf die richtige Handhaltung zu legen, die sich bei den wenig Geübten durch das noch ungewohnte Auf- und Abdrehen der Blätter nicht unbedingt sofort einstellt. Leicht verkrampfen die Unterarme, die Handgelenke sind überdreht, sodass ständige Hinweise, kleinere Pausen und das Rudern in der Gig mit aufgedrehten Blättern hilfreich sein kann.

Unter ständiger Verlängerung des Rollwegs werden nun in dieser Stufe der Grundlegung beide Skulls zum Körper gezogen, ausgehoben und mit dem Blatt auf dem Wasser schleifend in die Auslage gebracht. Die in der Regel übereinander lappenden Innenhebel werden dabei hinter- und übereinander geführt: die linke Hand ist – vom Ruderer aus gesehen – etwas hinter und über der rechten Hand. Sowohl in der Gig als auch im Skiff sind nun eine Reihe den Bewegungsablauf stabilisierender Übungen denkbar, die auch alle erfahren werden sollten. So kann man durch Überziehen auf der einen Seite die Richtung beeinflussen, paarweise, zu dritt und vielleicht schon bald als gesamte Mannschaft rudern und in Verbindung mit den Übungen der zweiten Lernstufe bereits ein Ziel ansteuern. Zu diesem Element gehört auch die Fähigkeit, das fahrende Boot relativ schnell wieder abzubremsen, also das Stoppen ein- und beidseitig.

Element 4: Bootsmanöver

Der nächste Schritt besteht nun darin, die wichtigsten Bootsmanöver ausüben zu können. Aufgrund der Vorerfahrungen bietet sich dabei zunächst das Rückwärtsrudern an, das ähnlich wie das Vorwärtsrudern unter ständiger Verlängerung des Rollwegs eingeführt wird. Dabei werden die Ruder vom Körper weg in die Auslage gedrückt, wobei man das Blatt mit der Wölbung zum Heck des Bootes zeigend einsetzt.

Zusammen mit dem Vorwärtsrudern bildet es die Voraussetzung für die Wende, die nun – in Abhängigkeit von der Auffassungsgabe und Lernfähigkeit – in verschiedenen Varianten und Teilschritten eingeführt werden kann. Allerdings sollte man bei diesem Schritt durchaus Zeit für kleinere Spiel- und Wettkampfformen verwenden.

Als nächster Schritt folgt das selbständige Anlegen und Ablegen. Schob oder zog der Übungsleiter bis zu diesem Zeitpunkt die in die Nähe des Steges geruderten Skiffs heran oder steuerte er selbst die Gig, so besteht nun die Aufgabe der Übenden darin, verschiedene und den gegebenen Möglichkeiten gerechte Varianten des An- und Ablegens zu finden und zu üben.

Sicherheitsstellung im Skiff

Element 5: Situationen bewältigen

Auf dieser Stufe werden Situationen vorweggenommen und geübt, die in den unterschiedlichen Bereichen des Ruderns vorkommen können oder eine Voraussetzung für bestimmte Techniken etc. sind. Im Skiff gilt es dabei, durch fortgeschrittene Übungen ein größeres Maß an Sicherheit zu gewinnen, z.B. durch das *Fliegen*, durch das Halten des Bootes, indem man die Innenhebel loslässt, im Boot aufsteht oder gar Kopfstände probiert. Wenn es bis dahin noch nicht der Fall war, sollte auch der Wiedereinstieg ins Skiff – nach einem unfreiwilligen Bad – durchgespielt werden. Dies dient der Sicherheit des Ruderers wie auch der Schonung des Materials.

Zur Bewältigung spezifischer Situationen gehört auch das Passieren schmaler Stellen und Durchfahrten, an denen die Ruder lang gemacht werden müssen, das Rudern und Verhalten bei Schiffswellen (Ruderboote werden prinzipiell parallel zu den Wellen gelegt, der Ruderer nimmt die Sicherheitsstellung ein), der Platzwechsel in der Gig sowie das Anlegen an den verschiedenen Uferarten.

Skull – lang auf Backbord

Element 6: Steuern

Jeder Ruderanfänger sollte die Gelegenheit nutzen, als Steuermann eine Mannschaft zu führen. Neben dem Steuern selbst, d.h. der Richtungseinhaltung oder -änderung, gilt es auch mit Hilfe der Ruderkommandos für die Sicherheit von Mannschaft und Boot zu sorgen.

Die Erfahrung, ein bestimmtes Ziel unter Berücksichtigung der verschiedensten Einflüsse (Wind, Wellen, Strömung, Beladung des Bootes, Steuerstellung etc.) anzusteuern, sollte jeder Ruderanfänger in der Rudergrundausbildung machen. Dabei werden ihm sehr schnell die Notwendigkeit und Funktionen der Ruderbefehle bewusst.

Wenngleich im Rennrudern die Tendenz besteht, die Anzahl der gesteuerten Boote immer mehr zu verringern, ist im normalen Vereinsbetrieb das gesteuerte Boot (Zweier, Vierer und Achter) die Regel. Folgende Regeln gelten jedoch auch für die sogenannten ungesteuerten Boote, sowohl für jene, die durch ein Überziehen der Skulls gesteuert werden (Skiffs, Doppelzweier), als auch für jene, die mit einem Fußsteuer versehen sind und durch einen Ruderer gesteuert werden, wie z.B. die Riemenzweier und -vierer und der Doppelvierer.

Dabei sind folgende *Steuerregeln* zu beachten:
1. Eine Richtungsänderung durch das Steuer ist nur möglich, wenn das Boot schneller ist als das es umgebende Wasser.
2. Steuern bedeutet zunächst immer Geschwindigkeitsverlust. Deshalb soll so wenig wie möglich und auf lange Sicht gesteuert werden.
3. Nur an der Steuerleine ziehen, wenn die Blätter außerhalb des Wassers sind. Im Wasser *verankerte* Blätter ermöglichen nicht nur eine sehr geringe Steuerwirkung, das Steuern bremst zudem das Boot sehr stark ab.
4. Das Steuer sollte nur leicht eingeschlagen und weich betätigt werden, damit die Gleichgewichtslage des Bootes nicht gestört wird.
5. Die Steuerleine darf nicht um den Körper des Steuermanns geschwungen werden. Sie wird – insbesondere im Rennboot – mit den Händen auf der Bordwand festgehalten und sollte ständig gespannt sein. Dies gilt vor allem beim Rückwärtsrudern.

6. Bei langen und hohen Wellen muss das Boot parallel zu den Wellen gelegt werden. Die Ruderer nehmen die Sicherheitsstellung ein, bis die Wellen abgeritten sind.

7. Immer gegen die Strömung anlegen. Ausnahme: bei sehr schwacher Strömung und bei sehr starkem, gegen die Strömungsrichtung blasenden Wind.

Wenden bei strömenden Gewässern

Sowohl mit der Strömung als auch gegen die Strömung kann man sich die Wende erleichtern. *Mit der Strömung* lässt man sinnvollerweise einseitig auf der Uferseite stoppen und bringt damit das Heck des Bootes in die Strömung, die dann den Wendevorgang unterstützt.

Gegen die Strömung wendet man am günstigsten durch einseitiges Stoppen, das den Bug des Bootes in die Strömung bringt. Zu beachten ist dabei, dass die Strömung das Boot auch weiter abtreibt.

Anlegen

Anlegen mit und ohne Wind

Bei stehenden Gewässern fährt man in einem relativ spitzen Winkel zum Steg, die wasserseitigen Ruder stoppen die Fahrt ab und drehen dadurch das Boot bei. Die landseitigen Ruderblätter werden hochgenommen und man hält das Boot mit den Händen vom Steg ab. Der Steuermann steigt als erster aus, hält das Boot fest und gibt dann das Kommando für die Mannschaft.

Besteht die Möglichkeit an mehreren Seiten des Steges anzulegen, so ist bei stärkerem Wind zu beachten, dass bei einem Anlegen auf der windzugewandten Seite (Luvseite) das Boot schnell gegen den Steg gedrückt werden kann. Das Ansteuern muss also entsprechend versetzt zum Steg erfolgen.

Schwieriger ist das Anlegen auf der Leeseite. Das Boot wird vom Steg weggedrückt, was vielleicht mehrere Versuche erfordert, aber auch Material schonender sein kann. Bei starkem Wind wird das Boot am Steg an Steuer- und Bugleine auf Lee befestigt, damit es der Wind nicht gegen den Steg schlagen kann.

Element 7: Orientierung über die verschiedenen Bereiche des Ruderns

Den Abschluss der Grundlegung bildet die Orientierung über die verschiedenen Bereiche des Ruderns. Einerseits kann mit Hilfe von Tages- oder Wochenendfahrten das Erlernte auch auf fremden Gewässern angewandt werden, andererseits gelangt man damit auch in die verschiedenen Sinnbereiche des Ruderns, z.B. das Wanderrudern.

Der Übergang zu den einzelnen Bereichen des Ruderns ist fließend, es ist jedoch jedem Anfänger zu gönnen, diese Bereiche kennenzulernen und in bestimmten Zeitabständen wieder einmal darauf zurückzukommen. Auch der Wanderruderer sollte dabei Informationen über das Rudern als Fitness-Sport erhalten, ab und zu sogar von den Angeboten des Vereins in diesem Bereich Gebrauch machen, und dem angehenden Rennruderer kann sicher auch die Tagesfahrt oder größere Wanderfahrt auf fremden Gewässern zu einem unvergesslichen Erlebnis werden.

Schließlich wird der Freizeitruderer auch auf Spiel- und Wettkampfformen und -veranstaltungen zurückgreifen wollen, die in der Übergangzeit von der Grundlegung zum Rennruderer verstärkt angeboten werden.

TEILZIELE	FACHAUSDRÜCKE	HINWEISE/KORREKTUREN
Information: prinzipielle Boots- und Ruderarten, angemessene Ruderkleidung	Gigs, Rennboote Skulls, Riemen, Dolle Ausleger, Rollsitz Rollbahn, Stemmbrett	Ruderkleidung?
Ruder (Skulls und Riemen), Steuer	Blatt, Schaft, Steuer Manschette, Steuerleine	Lagerung der Boote
Behandlung des Materials, Tragen der Boote	Bug, Heck, Bordwand	Bootspflege Aufstellung beim Tragen
Einsetzen und Herausheben der Boote	Kiel, Schwert	Gigs über Kiel, auf Ausleger achten; Kunststoff-Skiffs: auf Schwert achten
Einlegen der Ruder	Backbord, Steuerbord	Ruder jeweils auf der richtigen Seite? Dollen in der richtigen Stellung? Blatt auf dem Steg mit Wölbung nach oben
Ein- und Aussteigen	Einsteigebretter, Fußbretter	Ruder festgehalten? Dollen zugeschraubt? Rollsitzposition, nicht ins Boot treten
Einstellen des Ruderplatzes	Innenhebel, Stemmbrett, Stemmbrettschraube	Schrauben fest? Kontrolle der richtigen Einstellung in der Rücklage

Tab. 9: Übersicht Element 1: Vertraut machen mit dem Gerät und dessen Behandlung

Ruderkommandos

1. *Mannschaft ans Boot – hebt an!*
2. *Boot drehen – zum Wasser (Bootshaus o.ä.) hoch – los!*
3. *Fertig machen zum Einsteigen – steigt ein (stößt ab)!*
4. *Fertig machen zum Aussteigen – steigt aus!*
5. *Klarmeldung!*

Aufgabenstellungen:

Beobachtungsaufgaben:
Wie machen es die anderen Ruderer (z.B. das Einsteigen, das Boot tragen etc.)?
Wie kann man sich das Einlegen der Ruder auf der richtigen Seite leichter merken (Gedächtnisstütze)?

	FACHAUSDRÜCKE	HINWEISE/KORREKTUREN
Grundstellung, Sicherheitsstellung	Griffe, Innenhebel	Sind Blätter flach auf dem Wasser? Position der Innenhebel, Hände/Griffe in einer Höhe
Balance- und Schaukelübungen		Sind Dollen zu? Befindet sich das Boot außerhalb der Schifffahrtsrinne?
Blattlage erfühlen		Finger- und Handhaltung korrekt?
Einseitiges Vorwärts- und Rückwärtsrudern im Wechsel	aufgedrehtes Blatt, Einsatz	Blattlage im Wasser, Handhaltung, Finger? Handführung? Rudernde Hand wird über der ruhenden geführt

Tab. 10: Übersicht Element 2: Sicherung der Balance

Aufgabenstellungen, Spielformen:

1. Legt die Blätter aufs Wasser, fixiert eure Griffe über den Oberschenkeln und versucht, mit dem Körper das Boot zum Schaukeln zu bringen!
2. Wiederholt die erste Übung und versucht, die Ruder kurz loszulassen!
3. Drückt beide Innenhebel der flach gedrehten Ruder ins Boot und kippt mit Hilfe des Oberkörpers von einer Seite zur anderen!
4. Lasst die Blätter auf dem Wasser liegen und schaukelt das Boot, indem ihr die Hände und Griffe abwechselnd auf- und abbewegt!

TEILZIELE	FACHAUSDRÜCKE	HINWEISE/KORREKTUREN
Auf- und Abdrehen der Blätter	Aufdrehen, Abdrehen der Ruder, Ausheben, Einsetzen	Handhaltung
Rudern unter ständiger Verlängerung des Rollwegs	Auslage, Rücklage, Ruderschlag	Körperhaltung verkrampft? Handhaltung, -führung Blattführung, Rollarbeit, Rollweg
Kleine Richtungsänderungen durch Überziehen	Backbord, Steuerbord überziehen	Übertriebene Bewegungen? Einsatz, Schlaglänge
Fahrt abbremsen, abstoppen	Stoppen	Blattstellung? Dosiertes Abstoppen
Zielrudern	Kurshalten	

Tab. 11: Übersicht Element 3: Vorwärts rudern

Ruderkommandos

1. *Alles vorwärts – los!*
2. *Back-(Steuer-)bord überziehen!*
3. *Ruder – halt!*
4. *Blätter (Blatt) – ab!*
5. *Stoppen – stoppt!*

Aufgabenstellungen, Spielformen:

1. Schließt die Augen und dreht die Blätter mehrmals auf und ab!
   Ist die Handhaltung und die Blattlage noch richtig?
2. Mit aufgedrehtem Blatt rudern:
   - allein
   - paarweise
   - alle zusammen
   - paarweise, der eine auf-, der andere abgedreht
   - paarweise, der eine auf dem Wasser schleifend, der andere *wasserfrei*.
3. Rudert 5 (3) Schläge auf Backbord stärker! Wechselt die Seite! Paarweise auf Back- oder Steuerbord überziehen!
4. Wann schaut man beim Kurshalten am günstigsten um?
5. Wie orientiert man sich auf dem Wasser?
6. Wer muss beim Ansteuern auf ein Ziel am wenigsten umschauen?
7. Wer führt einen Kreis links (rechts) herum?
   Zieht abwechselnd 5 (3, 2, 1) Schläge mit der rechten und dann mit der linken Hand!

TEILZIELE	FACHAUSDRÜCKE	HINWEISE/KORREKTUREN
Beidseitiges Rückwärtsrudern unter ständiger Verlängerung des Rollwegs		Blattstellung, Handhaltung, Handführung
Wenden über Backbord und Steuerbord	Wende	gleichmäßiges Tempo für vorwärts und rückwärts
An- und ablegen vom Steg	Wind, Wellen, Strömung	Anfahrtswinkel, zu früh, zu spät gestoppt? Bedingungen nicht beachtet?

Tab. 12: Übersicht Element 4: Bootsmanöver

Ruderkommandos

1. *Alles rückwärts – los!*
2. *Wende über Back-(Steuer-)bord – los!*
3. *Auf Steuer-(Back-)bord Blätter – hoch!*

Aufgabenstellungen, Spielformen:

1. Wie beim Vorwärtsrudern: rückwärts auf ein Ziel zurudern
2. Drei Schläge auf Backbord vorwärts, drei Schläge auf Steuerbord rückwärts
3. Abwechselnd ein Schlag Steuerbord vorwärts und ein Schlag auf Backbord rückwärts
4. Komplette Wende über Backbord, Steuerbord
5. Wer schafft eine Wende (180 oder 360 Grad) mit den wenigsten Schlägen?
6. Wer hat am schnellsten 3-mal um 360 Grad gedreht (beide Seiten)?
7. Kombinationsübung: ca. 50 m rückwärts auf ein Ziel rudern, Wende über 360 Grad und vorwärts weiter rudern.

Orientieren und Anlegen mit dem Skiff

Vorbereitung zum Aussteigen aus dem Skiff

Aussteigen aus dem Skiff

8. Falls möglich: aus verschiedenen Richtungen am Steg anlegen, dabei auch versuchen, vorwärts und rückwärts anzulegen
9. Ausprobieren: wie legt man unter verschiedenen Bedingungen (Wind, Wellen, Schiffsverkehr) am günstigsten an?
10. Wie machen es die Rennruderer, andere Ruderer im Verein?
11. Abstoppen einseitig, beidseitig
12. Wer stoppt am nächsten zu einer Linie, zum Steg o.ä.?
13. Wie rudern die Könner (Rennruderer) auf den Steg zu?

TEILZIELE	FACHAUSDRÜCKE	HINWEISE/KORREKTUREN
Fortgeschrittene Balanceübungen im Skiff	wasserfrei rudern, fliegen	Ausheben korrekt? Geschwindigkeit hinreichend?
Rudern in Wellen	Hochscheren, Abscheren	Sicherheitsstellung? Abstand zum Schiff? Abstand zum Ufer? Boot parallel zu den Wellen?
Platzwechsel in der Gig	Querlager, Fußbrett	Sicherheitsstellung der Sitzenden, nicht ins Boot treten
Passieren schmaler Stellen	Skull (Riemen) lang	Genügend Fahrt? Griffe festhalten!
Wiedereinstieg ins Skiff nach dem Reinfallen		Skulls parallel und fixiert? Rollsitz am bugseitigen Ende der Rollbahn?

Tab. 13: Übersicht Element 5: Situationen bewältigen

Ruderkommandos

1. *Hochscheren!*
2. *Riemen (oder Skulls) – lang!*

Aufgabenstellungen, Spielformen:

1. Drei Schläge vorwärts rudern, dann *fliegen!* Wer fliegt am längsten?
2. Wer kann im Boot aufstehen?
3. Wer kann dabei die Innenhebel loslassen?
4. Wer kann Innenhebel loslassen und Skulls *lang* machen?
5. Wer kann eine schmale Stelle passieren (oder zwischen zwei Pfosten hindurchrudern), ohne sie mit den Rudern zu berühren?
6. Wer rudert möglichst eng an einer Boje (dem Steg, Pfosten etc.) vorbei mit Ruder lang?
7. Hinlegen im Boot

8. Slalomkurs: vorwärts rudern, zwischen Bojen hindurch, Wende um 180 Grad, rückwärts auf ein Ziel zu, abstoppen, unter ein Hindernis hindurch, einen Gegenstand im Wasser aufnehmen, einen Ball in einen Eimer werfen etc.
9. Treibball: mit großem Badeball, der mit Händen und Skulls weitergetrieben werden darf
10. Kleinere Ausfahrten mit Orientierungsaufgaben

TEILZIELE	FACHAUSDRÜCKE	HINWEISE/KORREKTUREN
Kenntnis der Ruder- kommandos	Ruderkommandos	Für alle verständlich? Der Situation angemessen?
Kenntnis und Anwendung der Steuerregeln		Steuer zu stark eingeschlagen? Plötzliches Reißen an der Leine Wird auf lange Sicht gesteuert?
An- und Ab- legen vom Steg als Steuermann mit Ruderkom- mandos		

Tab. 14: Übersicht Element 6: Steuern

Aufgabenstellungen, Spielformen

1. Durchführung aller Rudermanöver mit Hilfe der Ruderkommandos, aber ohne Steuer
2. Zielsteuern (z.B. Anlegen) ohne Steuer
3. Führen einer Mannschaft von der Halle aufs Wasser und zurück in die Halle – mit einer Übungseinheit dazwischen

Übersicht Element 7: Orientierung über die Bereiche des Ruderns

Hinweise und Ratschläge zu den einzelnen Bereichen des Ruderns, wie Wanderfahrten, Rudern als Fitness- und Gesundheitssport, verschiedene Belastungsformen und das Rennrudern werden im 3. Teil des Buches noch ausgeführt. Als Abschluss einer Grundlegung im Rudern, können der Übungsleiter oder andere Ruderer des Vereins die nunmehr schon fortgeschrittenen Ruderer folgendermaßen orientieren:

1. Wanderfahrt (Tages- und Wochenendfahrten)
Als Abschluss der Grundlegung wird eine Tagesfahrt über etwa 25-30 km durchgeführt. Noch am Abend der Rückkehr wird der Termin für eine Wochenendfahrt festgelegt.

2. Fitness- und Ausgleichssport
Der Übungsleiter informiert über bestehende Gruppen im Verein, die sich dieser Zielsetzung widmen. Denkbar sind auch theoretische Einführungen zum Thema Rudern und Gesundheit, Ernährung etc. und ein einführender Besuch der geselligen Veranstaltungen entsprechender Alters- und Zielgruppen (Integration in den Vereinsbetrieb).

3. Wettkampfrudern im Ruderverein
Es erfolgt eine systematische Einweisung in die Möglichkeiten, aber auch Gefahren eines Konditionstrainings im Rudern. Ergänzende Belastungsformen und Trainingsmittel werden unter sachkundiger Anleitung vorgeführt (z.B. Kraftraum, Indoor- oder Ergometerrudern, Ruderbecken, Waldlaufstrecke etc.) und es werden die Übungs- und Trainingszeiten mitgeteilt. Für Interessenten sollten auch Informationen über mögliche Wettkampfformen und Veranstaltungen, die entsprechende Anforderungen an die Teilnehmer stellen (z.B. Volks- und Langstreckenrudern, Waldläufe, Vereinswanderfahrten, Rudertriathlon etc.), bekannt gegeben werden.

3. Sicherheit im Rudersport

Die Hauptursache für Unfälle im Rudern sind Kollisionen mit anderen Booten oder Hindernissen im oder auf dem Wasser. Obwohl es in den meisten Vereinen und auf den besonders gefährdeten Regattastrecken Fahrtordnungen für das jeweilige Ruder- und Trainingsrevier gibt, kommt es immer wieder zu Unfällen. Zur Vermeidung dieser Unfälle ist es angebracht, dass sich die Bugleute relativ häufig umsehen, auch wenn das Boot mit einem Steuermann besetzt sein sollte. Vor allem die jungen und oft auch kleinen Steuerleute können durch die vor ihnen sitzenden Ruderer bestimmte Bereiche vor dem Bug des Bootes oft nicht einsehen.

Ein weiterer, häufiger Unfallbereich ist die Fehleinschätzung der Witterungsbedingungen. So können selbst Gigs auf Seen oder breiten, windanfälligen Gewässern bei einem aufkommenden Sturm in Sekundenschnelle vollschlagen. Wahrnehmungen und Ratschläge einheimischer Ruderer sind deshalb unbedingt Ernst zu nehmen.

Bei einem aufkommenden Sturm ist sofort das Ufer aufzusuchen bzw. von einer Ausfahrt oder einem Training abzusehen. Die Nähe zum Ufer ist auch bei kaltem Wetter und niedrigen Wassertemperaturen unbedingt einzuhalten. Rennruderer sollten im Winter – vor allem die kentergefährdeten kleinen Boote – nur in Motorbootbegleitung durch den Trainer auf Wasser gehen.

Die Gefahr, im Falle des Vollschlagens durch Wellen oder des Kenterns schwimmend das Ufer nicht zu erreichen, ist wegen der Unterkühlung nicht zu unterschätzen. Die Empfehlung lautet in einem solchen Fall prinzipiell: da das Boot nie völlig absinkt, bleibe man am Boot und versuche sich akustisch und optisch bemerkbar zu machen. Sind längere Ausfahrten auf anfälligen Gewässern oder Seen geplant, sollte man immer Vereinsmitglieder über das Ziel der Fahrt und der ungefähren Rückkehrzeit informieren.

Selbstverständlich ist der Eintrag in das Fahrtenbuch des Vereins vor Antritt der Fahrt obligatorisch. Im Ernstfall können anhand der dort verzeichneten Informationen die Rettungsmaßnahmen schneller eingeleitet werden.

Hiermit sind nur wenige grundlegende Sicherheitsprobleme im Rudern genannt. Spezielle Situationen, wie z.B. das Verhalten in Schleusen etc. erfordern eine spezifische Unterweisung, die vor Antritt solcher Ausfahrten vom Übungsleiter vorgenommen werden muss. Das Problem der angemessenen Ruderkleidung wird in den jeweiligen Kapiteln über die verschiedenen Erfahrungsbereiche im Rudern angesprochen.

2. TEIL: TECHNIK UND TRAINING IM RUDERN
Technik

1. Das Problem der „richtigen" Rudertechnik

Wie man unschwer bei der Beobachtung sehr guter Ruderer und Rudermannschaften feststellen kann, gibt es keine Einigkeit darüber, wie die *optimale* Rudertechnik auszusehen hat. Es lassen sich eine Reihe von Varianten erkennen, deren Analyse jedoch nur den Zweck haben kann, allgemeinere Aussagen zur Rudertechnik zu machen. Eine *gute* Rudertechnik hat generell, unabhängig von der sportlichen Zielsetzung, zwei Hauptaufgaben zu erfüllen:

1. Sie soll bewirken, dass die konstitutionellen und konditionellen Gegebenheiten des Ruderers für die Bootsgeschwindigkeit genutzt werden (effektiver Vortrieb).

2. Sie soll zudem bewirken, dass die Kräfte und Bewegungen, die dem Vortrieb des Bootes entgegenwirken oder zu einem höheren Energiebedarf beim Ruderer führen, minimiert werden (Verringerung der Widerstände).

Das Problem besteht darin, unter den jeweils gegebenen Bedingungen Vortrieb zu erzeugen und die Widerstände zu verringern, einen Kompromiss zu finden, der den konstitutionellen und konditionellen Voraussetzungen, aber auch den Zielsetzungen entspricht. Die Technik eines Ruderers ist der durch einen Trainer oder den Ruderer selbst gefundene Kompromiss, eine bestimmte Aufgabe zu erfüllen. Da – im Gegensatz zu den für die Bewegungsausführung bewerteten Sportarten (z.B. Gerätturnen, Eiskunstlauf) – im Rudern andere Kriterien zur Leistungsbeurteilung zugrunde liegen, ist es auch schwierig von einer *richtigen* oder *falschen* bzw. guten oder schlechten Technik zu sprechen, ohne die Aufgabenstellung zu kennen.

Es bleibt auch festzuhalten, dass sich das, was man unter *guter* Rudertechnik versteht, in gewissen Zeitabständen ändert: Die Weltbesten rudern heute anders als noch vor 15 bis 20 Jahren und ganz anders als vor 50 bis 60 Jahren. Zu jeder Zeit dachte man, die richtige Rudertechnik zu kennen. Auch heute entzünden sich noch heftige Diskussionen zwischen Ruderern und Trainern, wie eine *gute* Technik auszusehen hat, obwohl es für alle Argumente Beispiele und Gegenbeispiele gibt.

Rudertechnik ist immer im Zusammenhang zu sehen mit

a) den kaum veränderbaren körperlichen Voraussetzungen (Konstitution) des Ruderers (z.B. Körpergröße, Länge der Extremitäten, Gewicht),

b) den veränderbaren, konditionellen Voraussetzungen (z.B. Kraft, Ausdauerfähigkeit, Beweglichkeit),

c) der Zielsetzung (z.B. Wanderfahrt, Rudern in sehr heterogenen Gruppen, Rennen über 2.000 m oder auch über 500 m),

d) dem vorhandenen Boots- und Rudermaterial,

e) den Auffassungen, Einstellungen und dem Kenntnisstand von Trainern und Verbänden,

f) der Technik der momentan führenden Rudernationen.

2. Prinzipien der Rudertechnik

Aus der Physik ergibt sich bereits eine Reihe von Forderungen, wenn der Ruderer a) einen möglichst effektiven Vortrieb erzeugen und b) die auftretenden Widerstände möglichst gering halten möchte. So haben biomechanische Untersuchungen zum Problem der Rudertechnik ergeben, dass die Bewegung des Ruderblattes nicht nur Vortrieb erzeugt, wenn sie gegen die Fahrtrichtung, sondern auch – wenn sie quer zur Fahrtrichtung erfolgt (ähnlich einer Schiffsschraube). Während eines Ruderschlages bewegt sich das Ruderblatt bei Spitzenruderern ca. 1,60-1,90 m in Querrichtung des Bootes, aber nur ca. 50-60 cm entgegen der Fahrtrichtung. Aus der Querbewegung, die jedoch nur durch sehr große Aus- und Rücklagewinkel erreicht wird, kann der Ruderer mehr Antrieb erwarten.

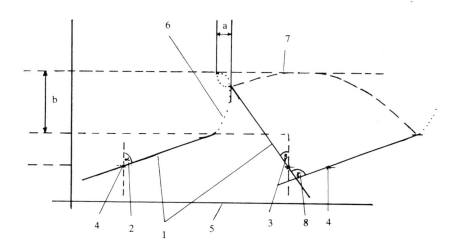

1. Ruder
2. Auslagewinkel
3. Rücklagewinkel
4. Dollenstift
5. Bootsmitte

6. Weg des Blattendes ins Wasser
7. Weg des Blattendes außerhalb des Wassers
8. Arbeitswinkel des Ruders
a „Schlupf" (Bewegung des Blattes in Längsrichtung)
b Bewegung des Blattes in Querrichtung

Abb. 6

Die Widerstände am fahrenden Boot sind enorm. Zur Minimierung der Widerstände wäre eine bestimmte mittlere und konstante Geschwindigkeit des Bootes anzustreben, die einen geringeren Energieverbrauch erfordert. Da der Antrieb im Rudern intermittierend und nicht kontinuierlich erfolgt und zudem relativ starke Bewegungen im Boot durch Ruderer und Ruder nötig sind, kann dieser physikalischen Forderung nicht nachgekommen werden; Geschwindigkeitsschwankungen, damit erhöhte Widerstände und enorme Energieverluste sind im Rudern unvermeidlich.

So weicht die maximale und minimale Bootsgeschwindigkeit um bis zu 25% von der mittleren Geschwindigkeit ab. Die höchste Geschwindigkeit erlangt das Boot während der Vorrollphase, die geringste kurz nach dem Einsetzen der Ruder.

Eine gute Rudertechnik zeichnet sich dadurch aus, dass sie die Geschwindigkeitsschwankungen möglichst gering hält. Je geringer diese Schwankungen, umso höher kann die mittlere Geschwindigkeit bei gleichem Energieverbrauch sein. Dies wird z.B. durch gleichmäßige Geschwindigkeit der bewegten Teile, geringe Beschleunigung und prinzipiell wenig Massenbewegung im Boot ermöglicht.

Trotz aller Einschränkungen bezüglich einer *optimalen* Rudertechnik lassen sich aufgrund dieser Erkenntnisse eine Reihe von *Technikprinzipien* erkennen, die nahezu alle Spitzenruderer und -mannschaften aufweisen. Sie bilden gleichsam den kleinsten gemeinsamen Nenner in der Beschreibung der Rudertechnik und dienen als Ausgangspunkt vieler noch möglicher Varianten.

1. Prinzip

Hervorragende Ruderer und Mannschaften zeichnen sich dadurch aus, dass sie einen sehr langen Ruderschlag haben; ihr Arbeitswinkel (vom Ruder überstrichen) beträgt im Skullboot zwischen ca. 100°-110°, im Riemenboot 90°-100°.

2. Prinzip

Bei Weltklasseruderern erlangt der erste Teil des Durchzuges zentrale Bedeutung: so ist der Winkel vor der Dolle etwa doppelt so groß wie hinter der Dolle, das Wasserfassen und die Druckaufnahme sind sehr schnell.

3. Prinzip
Alle Spitzenruderer versuchen, während der Ruderarbeit möglichst wenig Vertikalbewegung zu erzeugen.

4. Prinzip
In erstklassigen Booten ist man bemüht, die Bewegungen des Körpers, der Hände, der Ruder und des Rollsitzes mit gleichförmiger Geschwindigkeit bzw. gleichförmigen Beschleunigungen unter Vermeidung von Geschwindigkeitsspitzen auszuführen.

5. Prinzip
International erfolgreiche Mannschaften zeichnen sich dadurch aus, dass sie eine gute mannschaftsinterne Koordination haben: Wasserarbeit, Körper- und Rollarbeit bieten ein einheitliches Bild.

An diesen Prinzipien wird sehr schnell die enge Verknüpfung konstitutioneller und konditioneller Bedingungen mit der Technik im Spitzenrudern deutlich. Um diese Forderungen für eine hohe Erfolgswahrscheinlichkeit im Spitzenrudern zu erfüllen, haben Athleten und Athletinnen mit großer Körperhöhe, relativ langen Armen und/oder Oberkörpern größere Vorteile. Ergänzt und kompensiert werden diese Voraussetzungen durch eine große Beweglichkeit, insbesondere im Schulterbereich, sowie ein hervorragendes Körper- und Bewegungsgefühl. Für eine kontinuierliche und ökonomische Arbeit über die gesamte Wettkampfdistanz ist neben der überdurchschnittlichen Kraftfähigkeit vor allem die aerobe Ausdauerkapazität entscheidend.

3. Der Bewegungsablauf beim Rudern

Die folgenden Bewegungsbeschreibungen und Bewegungsablaufskizzen sind weitgehend von NOLTE (1985) entwickelt worden und dienen einer *idealtypischen* Darstellung des Bewegungsablaufs im Rennrudern.

Der Bewegungsablauf beim Skullen (Abb. 7-11)

Rücklage

Die maximale Rücklage ist erreicht, wenn der Ruderer gerade noch einen Krafteinsatz auf das Ruder ausüben und ein störungsfreies Ausheben der Blätter einleiten kann. In dieser Position muss die Zugrichtung der Hände auf das Schultergelenk gerichtet sein. Die Beine sind in dieser Position fast vollständig gestreckt, der Oberkörper ist leicht nach hinten geneigt.

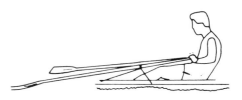

Abb. 7

Vorrollen

Entsprechend den Technikprinzipien ist das Vorrollen so durchzuführen, dass keine großen Beschleunigungen oder Geschwindigkeitsschwankungen am Ruder oder durch den Ruderer auftreten. Die Hände werden etwa in der Geschwindigkeit aus der Rücklage gebracht, wie sie herangezogen wurden; sie nehmen gleichzeitig den Oberkörper bis zur Senkrechten mit nach vorne.

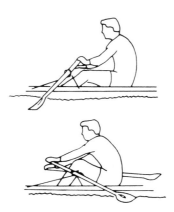

Sobald die Hände vor den Knien sind, rollt der Ruderer unter gleichmäßiger und gleichzeitiger Beugung von Knie- und Hüftgelenk in die Auslage.

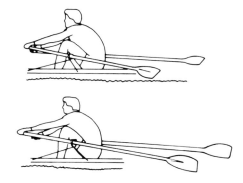

Abb. 8

Haben die in einer Linie geführten Hände die Blätter – etwa im letzten Drittel des Vorrollens – aufgedreht, wird durch Strecken der Schultergelenke die maximale Auslage erreicht.

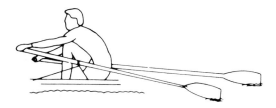

Abb. 9

Wasser-
fassen

Das Wasserfassen erfolgt durch die Aufwärtsbewegung der Hände. Das Eintauchen der Blätter muss in kürzester Zeit mit der der Situation angepassten Zugkraft am Rudergriff erfolgen. Diese Kraft erreicht ihr Maximun ca. 20-10 Grad vor der Orthogonalstellung (Ruder stehen senkrecht zur Bootslängsachse).

Nach dem Einsatz beginnen Knie und Hüfte sich gleichzeitig zu strecken, während die Arme etwa ab der Orthogonalstellung angewinkelt werden.

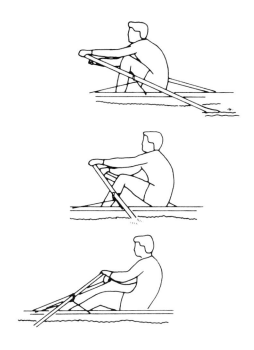

Abb. 10

Endzug

Der Endzug und das Ausheben der Blätter erfolgt in erster Linie durch den Einsatz der Arme und Schultern. Die Hände werden dabei leicht nach hinten unten gezogen, unterstützt durch die Schultern und eine leichte Rücklage. Dabei werden die Blätter aus dem Wasser gehoben und flach gedreht.

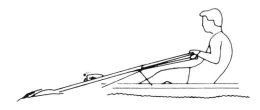

Abb. 11

Anmerkungen zum Riemenrudern

Das Riemenrudern unterscheidet sich vom Skullen nur in wenigen Punkten; es gelten die gleichen Prinzipien.

Griffhaltung: Die äußere Hand greift am äußeren Ende des Griffes, der Abstand zwischen den Händen beträgt ca. 1,5 bis 2 Handbreiten. Das Auf- und Abdrehen des Blattes erfolgt nur durch die Innenhand.

Schulter: Die Schulterachse folgt dem Innenhebel und wird auch in der Auslage mitgedreht. Zur Unterstützung wird in der Auslage das äußere Bein leicht abgespreizt.

Oberkörper: Zur bestmöglichen Ausnutzung der Zugkraft muss der Oberkörper in abgeschwächter Form der Kreisbahn des Innenhebels folgen; er schwingt zu den beiden Umkehrpunkten etwas zur Dolle hin. Um die Vertikalbewegung möglichst gering zu halten, wird die gesamte Ruderbewegung mit einem leicht runden Rücken durchgeführt.

In der Rücklageposition des Ruderers ist darauf zu achten, dass sich der Oberkörper nicht parallel zum Innenhebel verwindet. Die Schulterachse bleibt senkrecht zur Bootsachse.

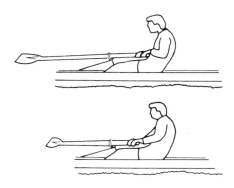

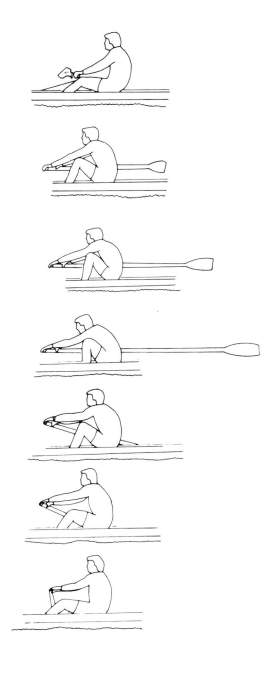

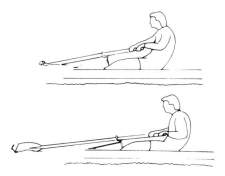

Abb. 12

Zur Verdeutlichung zentraler Technikmerkmale sollen folgende idealtypische und schematische Darstellungen dienen:

1. Körperwinkel in der extremen Auslage und Rücklage

β = 20-30°

α = 45-60°
    55-60°
γ = 0-10°
    0-5°

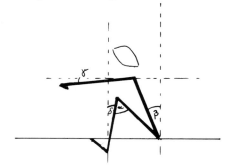

Abb. 13

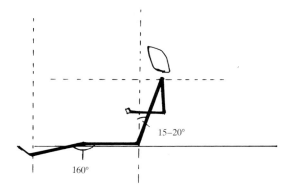

Abb. 14

15–20°

160°

Körperposition im Moment des Wasserfassens

2. Idealisierte Handkurve

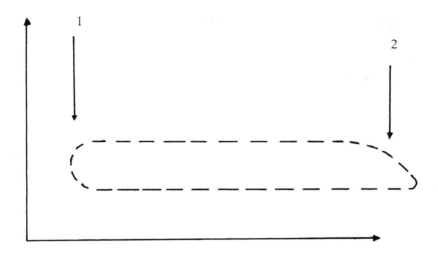

Abb. 15

4. Leitsätze zur Herausbildung der Rudertechnik

Die Vermittlung der Rudertechnik wird erheblich erleichtert, wenn einige methodische Hinweise beachtet werden. Diese Hinweise werden geleitet von zwei Grundsätzen:

1. Beim Übungsleiter und beim Lernenden muss eine genaue Vorstellung über die Prinzipien des Bewegungsablaufs vorhanden sein.

2. Die Entwicklung der Bewegungsfertigkeit (Rudertechnik) muss aufgabenbezogen sein, sie darf nicht zum Selbstzweck werden.

Methodische und organisatorische Hinweise

• Die Ansprache durch den Übungsleiter ist entsprechend dem Alter und Kenntnisstand des Übenden zu wählen. Dabei ist auch dessen Motivation zu berücksichtigen.

- Neben objektiven Bewegungsbeschreibungen und -erklärungen sind auch kinaesthetische Empfindungen (Bewegungsgefühl, Körperempfindung) zu berücksichtigen, es soll also auch das Erleben angesprochen werden. Solche Empfindungen tragen zur Entwicklung genauer Bewegungsvorstellungen und zur Verbesserung des Bewegungsgedächtnisses bei.

- Den anschaulich (z.b. optisch oder akustisch) dargestellten Bewegungsablauf sollte man als Übungsleiter den Übenden auch oft verbal und durch Demonstration wiederholen lassen.

- Die Aufgabenbewältigung sollte immer im Bezug auf die individuellen Möglichkeiten (Alter, Größe, Gewicht etc.) gesehen werden; nicht Unmögliches verlangen.

- Sowohl bei der Vermittlung als auch bei der Korrektur ist zunächst auf das Wesentliche zu achten. Man sollte sich nicht auf Kleinigkeiten versteifen oder an unwesentlichen Details herumfeilen.

- In jeder Phase der Technikschulung ist auf ein großes Repertoire an vielfältigen Bewegungsaufgaben zu achten. Ein zu frühes, stereotypes Anwenden des zyklischen Bewegungsablaufes (z.B. nur vorwärts rudern) verhindert leicht die weitere Bewegungsentwicklung.

- Neben der Technikschulung muss der konditionelle Faktor entwickelt werden. Beide Faktoren bedingen sich wechselseitig, d.h. bei der Vernachlässigung einer der beiden Faktoren wird auch die Entwicklung des anderen Faktors gehemmt. Ähnlich wie bei den Bewegungsaufgaben ist bei der konditionellen Entwicklung auch auf individuelle Entwicklung, Zielsetzung und Voraussetzungen zu achten.

5. Rudertechnische Fehler und ihre Korrektur

Bevor der Übungsleiter den Ruderer korrigiert, sollte er sich darüber im Klaren sein, inwieweit er selbst Ursache des Problems ist. Dies kann der Fall sein, wenn er durch eine unzureichende Bewegungsvorstellung oder mangelndes Können die Bewegung falsch erklärt oder falsch demonstriert. Darüber hinaus gilt es die situativen Bedingungen zu berücksichtigen; z. B. können Wind und Wellen beim Übenden noch Angst hervorrufen, die dann bereits die Aufnahme der Informationen erschwert. Folgende Übersicht zur Einordnung der Fehler (S. 90 ff.) hat als Bezugspunkt die Technikprinzipien. Neben den möglichen Ursachen und Auswirkungen werden Korrekturmaßnahmen angegeben, die selbstverständlich erweiterbar sind. Für alle angegebenen Fehler gelten nachfolgende Korrekturhinweise; sie sind deshalb in der Übersicht nicht mehr aufgeführt.

Prinzipielle Korrekturhinweise

- Überprüfe die eigenen Bewegungsvorstellungen mit denen des Lernenden, lasse ihn z.B. anhand von Videoaufnahmen oder in der Beobachtung anderer Ruderer seine und andere Bewegungen kommentieren!

- Lasse die Bewegungen und Bewegungsabläufe in unterschiedlichen Bewegungstempi und -sequenzen durchführen, z.B. im Zeitlupentempo, mit Pausen, als isolierte Teilbewegungen oder auch ganz schnell!

- Schaffe Bedingungen oder stelle Aufgaben, die den Fehler unmöglich machen, z.B. lasse mit aufgedrehtem Blatt rudern, wenn der Ruderer das Blatt im Wasser bereits abdreht!

- Stelle übertriebene Forderungen bei der Korrekturmaßnahme, z.B. mit extrem aufrechtem Oberkörper zu rudern, wenn der Ruderer *Kiste schiebt*, d.h. wenn der Bein- und Hüfteinsatz erfolgt, bevor der Ruderer Druck auf dem Blatt hat!

- Fördere die allgemeine körperliche Entwicklung (Kräftigung) neben der technischen Ausbildung, z.B. durch das Betreiben anderer Sportarten, aber auch mittels spezieller Kräftigungsübungen!

- Nutze – insbesondere im Kinder- und Jugendbereich – den Wettkampf und gebrauche die Stoppuhr! Durch übermäßiges Verweilen in der *künstlichen* Anfängersituation (langsame und ruhige Ausführung unter ständiger Kommentierung des Übungsleiters) wird der Ruderer auf diese Bewegungsabläufe so eingestellt, dass es ihm später schwer fällt, situationsangemessene, schnellere und kräftigere Bewegungsabläufe zu erlernen.

- Wechsle Bootsgattungen, Ruderart, Situationen und Partner!

PROBLEM	AUSWIRKUNGEN	MÖGLICHE URSACHEN
Zu geringer Auslagewinkel	Zu kurze Wasserarbeit, zu geringer Vortrieb, unökonomische Arbeit	Falsche Stemmbretteinstellung (Höhe, Neigung, Längsrichtung), mangelnde Beweglichkeit des Ruderers, zu geringe Körperhöhe, Dollenhöhe, Hebelabmessungen, Balanceunsicherheiten in der Auslage
Zu großer Vorlagewinkel	Begünstigt *Kiste schieben*, Abducken des Oberkörpers in der Auslage	Stemmbretteinstellung, Fersenhalter zu niedrig, Neigung zu flach, Oberkörper liegt zwischen den Knien
Zu geringe Rücklage	Zu geringe Schlagweite, kein Platz für Innenhebel und Hände	Verhältnis Rollbahn–Dolle, Abmessungen der Hebel, Kraft in Oberkörper und Schultern
Oberkörper fällt über Innenhebel	Schlag wird nicht ausgezogen, Verringerung des Vortriebs, Ausheben unsauber	Zu schwach entwickelte Schulter- und Oberkörpermuskulatur, Kopfhaltung

Tab. 15: 1. Prinzip: Langer Ruderschlag

Korrekturmöglichkeiten

1. Überprüfung der Bootsabmessungen, Anpassung der Ruder und des Dollenabstandes
2. Beweglichkeitsschulung
3. Balanceübungen (bei eventuellen Unsicherheiten)
4. Kräftigung der Schulter- und Rückenmuskulatur
5. Rudern mit festem Sitz und aufgedrehtem Blatt mit allmählicher Verlängerung des Schlages
6. In korrekt rudernden Mannschaften mitrudern lassen

Rudern mit dem Innenarm

PROBLEM	AUSWIRKUNGEN	MÖGLICHE URSACHEN
Luftschlag, Winker (Blätter sind vor dem Setzen zu weit vom Wasser)	Zu kurzer Schlag vor der Dolle, Vortrieb zu gering	Mangelnde Beweglichkeit im Schulterbereich, Auslegerhöhe, Handhaltung, Kopfhaltung
Arme werden zu früh angewinkelt	Verkrampfung der Unterarme, Verkürzung des Auslagewinkels, uneffektiver und schnell ermüdender Armeinsatz	Zu aufrechter (steifer) Oberkörper, falsche Handhaltung, Balanceunsicherheit in der Auslage
Zu früher Einsatz des Oberkörpers	Begünstigt Vertikalbewegung, uneffektiver Krafteinsatz durch Vernachlässigung der Beinmuskulatur	Stemmbretteinstellung, Neigung zu steil, Fersen zu hoch, Luftschlag (Oberkörper wird vor dem Setzen aufgerichtet), Hebel zu hart
Kisteschieben, Bein- und Hüfteinsatz erfolgt, bevor der Ruderer Druck auf dem Blatt hat	Uneffektive Kraftübertragung, Rückenbeschwerden	Zu schwach entwickelte Rückenmuskulatur, Kopfhaltung, Hebel zu hart, mangelnde Koordinationsfähigkeit

Tab.16: 2. Prinzip: Schnelles Wasserfassen und Druckaufnahme

Korrekturmöglichkeiten

1. Beweglichkeitsschulung und Lockerung
2. Kräftigung der beanspruchten Muskulatur
3. Verbale Hinweise (z.B. Kopfhaltung)
4. Überprüfung der Bootsabmessungen (Hebel, Stemmbrett, Anlage)
5. Erfühlen der Ruderposition durch Schleifen der Blätter auf dem Wasser bis zum Setzen
6. Rudern nur mit dem Innenarm (Wasserfassen)
7. Übertriebene Bewegungsausführungen, z.B. mit beiden Händen auf den Holmen zur Dolle rutschen
8. Mit korrekt rudernden Mannschaften rudern lassen

PROBLEM	AUSWIRKUNGEN	MÖGLICHE URSACHEN
Ruckhafter Oberkörpereinsatz im Endzug	Boot stampft, kraftraubende Bewegung, mehrere Kraftspitzen während des Durchzugs	Stemmbretter zu eng gestellt, Armkraft fehlt, falsche Bewegungsvorstellung
Extremes Aufrichten des Oberkörpers	Innenhebel werden über die Knie angehoben, Oberkörper fällt im Endzug zusammen, Boot stampft	Ausleger (Dollen) zu niedrig, falsche Bewegungsvorstellung, Wirbelsäule zu unbeweglich
Extreme Rücklage	Verringerung des Drucks am Blatt, Aufrichten des Oberkörpers kostet Zeit und Kraft, Boot stampft	Falsche Bewegungsvorstellung, Balanceunsicherheit im 1. Teil des Zuges, Stemmbretteinstellung
Abducken des Oberkörpers in der Auslage	Luftschlag, Boot stampft, Geschwindigkeitsverlust	Stemmbretteinstellung, ruckartiges Abstoppen des Rollsitzes, Oberkörper wird im Anrollen nicht mitgenommen

Tab. 17: 3. Prinzip: Minimierung der Vertikalbewegungen

Korrekturmöglichkeiten

1. Bewegungsvorstellungen korrigieren durch Demonstration und Erläuterungen (z.B. anhand von Videoaufnahmen sehr guter Mannschaften)
2. Boots- und Stemmbretteinstellung überprüfen
3. Rudern ohne Ruder (hin- und herrollen)
4. Rudern mit festem Sitz unter allmählichem Einsatz des Rollsitzes und erhöhtem Krafteinsatz
5. Mit Bildern in der Bewegungsvorstellung arbeiten (z.B. rudern wie eine Katze)
6. Beweglichkeitsschulung
7. Abwechselnd einen Schlag im Wasser ziehen, einen durch die Luft
8. Niedrige Schlagfrequenzen einsetzen (zwischen 10 und maximal 20 Schlägen/Minute)
9. Mit aufgedrehtem Blatt rudern (Innenarm, Außenarm)
10. Mit den Händen ca. 20-30 cm zur Dolle hingreifen und rudern

PROBLEM	AUSWIRKUNGEN	MÖGLICHE URSACHEN
Blatt *sägt*	Verringerung der Effektivität, Verkrampfung der Unterarme	Auslegerhöhe, Anlagewinkel, Qualität der Ruder, Handhaltung, falsch koordinierter Einsatz der Arme
Ungleicher Beinstoß	Ungleicher Druck während des Durchzuges, Verringerung der Effektivität, evtl. schnellere Ermüdung	Stemmbretteinstellung, Hüft- und/oder Beinmuskulatur zu schwach
Blatt wird im Wasser gedreht	Bremswirkung, zusätzlicher Kraftaufwand, Ermüdung, *Krebs*	Stemmbrett zu weit im Bug, Ausleger zu tief, falsche Bewegungsvorstellung, zu frühes Abbrechen des Durchzuges
Hände weg zu langsam oder zu schnell	Geschwindigkeitsspitzen, Bremswirkung beim Ausheben, Abbrechen des Endzuges	Mangelnder Krafteinsatz im Endzug, falsche Bewegungsanweisung, Koordinationsdefizit
Unruhige oder ungleiche Innenhebelführung	Balanceprobleme, Geschwindigkeitsverlust, Probleme in der mannschaftsinternen Koordination	Im Skullen: Auslegerhöhen vergleichen, zuviel Übergriff, Konzentrationsmängel

Tab. 18: 4. Prinzip: Gleichförmige Geschwindigkeit und Beschleunigung der Ruderbewegung

Korrekturmöglichkeiten

1. Erklären der physikalischen Gegebenheiten
2. In guten Mannschaften mitrudern lassen
3. Mit aufgedrehtem Blatt rudern lassen, auch bei hohen Schlagfrequenzen
4. Überprüfung der Bootsabmessungen und der Ruder
5. Rhythmische Hilfen geben
6. Unterschiedliche Schlagfrequenzen über kurze Zeiträume einsetzen (z.B. 16–22–18 etc.)

5. Prinzip: Mannschaftsinterne Koordination

Probleme bei der mannschaftsinternen Koordination lassen sich größtenteils auf individuelle Technikfehler der Mannschaftsmitglieder zurückführen. Infolgedessen ist ein besonderes Augenmerk auf die Auswirkungen und möglichen Ursachen zu richten.

Korrekturmöglichkeiten

1. Rhythmische Hilfen
2. Videoaufnahmen der betreffenden Mannschaft im Vergleich zu sehr guten Mannschaften
3. Rudern mit Pausen a) in der Auslage, kurz vor dem Einsetzen der Blätter
   b) direkt nach dem Ausheben, Hände sind noch am Körper
   c) wenn Hände vor den Knien sind, Oberkörper leicht nach vorne geneigt, Beine noch gestreckt
4. Rudern mit geschlossenen Augen (sich ins Blatt *hineinversetzen*)
5. Schlagfrequenzwechsel ohne großen Krafteinsatz
6. Fahrt aufnehmen, dann die Blätter nach dem Setzen durchtreiben lassen.
7. Pause vor den Knien, auf Kommando schnell anrollen und über dem Vorrollen schnell und explosiv wasserfassen.
8. Mit festem Sitz rudern, nur Endzug, später allmählich Rollweg verlängern
9. Einarmig rudern (Außenarm, Innenarm)
10. Lange Strecken gemeinsam rudern
11. Schnelligkeitsübungen im Boot
12. Gemeinsames intensives Ausdauertraining und wettkampfspezifisches Training
13. Rhythmusschulung, Vorrollen und Durchzug in einem bestimmten Verhältnis
14. Häufig mit aufgedrehtem Blatt rudern
15. In regelmäßigen Abständen Boot durchmessen
16. Teile der Mannschaft in kleineren Booten zusammen rudern lassen (z.B. Vierer und Zweier)
17. Ruderart wechseln (vom Vierer ohne Steuermann in den Doppelvierer etc.)
18. Keine Monotonie, viel variieren
19. Nicht zuviel über Technik diskutieren! Oft genügen einige Einheiten im Kleinboot gegeneinander oder ein paar extensive Ausdauereinheiten, um die mannschaftsinterne Koordination wiederherzustellen.

Training

1. Orientierungsbereiche des Trainings im Rudern

Der Begriff *Trainieren* wird nicht mehr nur im Zusammenhang mit leistungssportlichen Zielen gesehen. Von *Training* wird mittlerweile auch gesprochen, wenn im Rahmen bestimmter Zielsetzungen und biologischer Entwicklungsstufen bewusst (d.h. regelmäßig und gezielt) Einfluss auf die körperliche Leistungssteigerung, -erhaltung und auch (kontrollierte) -reduzierung (z.B. bei zurücktretenden Leistungsruderern) genommen wird. Dabei werden biologische Anpassungserscheinungen durch systematsich wiederholte Bewegungsreize erwirkt, die neben den körperlichen Anpassungserscheinungen auch Auswirkungen auf die Psyche und die Persönlichkeit des Sportlers (z.B. Willenskraft, Motivation, Wohlbefinden, Leistungsbereitschaft) haben.

Regelmäßiges und gezieltes *Trainieren* bedarf – gleich welche Ziele verfolgt werden – gewisser Anleitungen. Diese Anleitungen orientieren sich an biologischen Gesetzmäßigkeiten, die für jedes Leistungsniveau, jedes Geschlecht, jedes Alter und jede Sportart Gültigkeit haben.

Im Rudern kann man fünf große Ziel- und Orientierungsbereiche des Trainings im Hinblick auf:
- Zielgruppen
- Trainingsdauer
- physiologische Anpassungserscheinungen
- Vorgehen
- Organisations- und Wettbewerbsformen sowie
- Trainingsmittel und -methoden

unterscheiden:

1. Fitnesstraining
2. Grundlagentraining
3. Rennrudern
4. Hochleistungstraining
5. Rehabilitations- und Kompensationstraining

I. PRÄVENTION – GESUNDHEIT – FITNESS

Altersbereich	Gruppen
Alle	Freizeitsportler, Familien, Senioren, Wanderruderer, Masters

Ziele:
- Gesundheit
- Wohlbefinden
- Kondition
- Körpererfahrungen, Selbstbewusstsein
- Anschluss, Geselligkeit
- Breitensportwettkämpfe (Fahrtenabzeichen, Langstreckenrennen, Rudertriathlon, andere Sportarten)

Vorgehen:
1. Fitness-Angebote im weitesten Sinne
2. Gruppenbildung
3. Integration in den Verein
4. Konditionstraining
5. Entwicklung eines Gesundheitsbewusstseins

Organisations- und Wettbewerbsformen:
- Allgemeiner Ruderbetrieb
- Tagesfahrten, Ferienfahrten
- Wanderfahrten
- Volksruderwettbewerbe
- Spielformen
- Regatten (2. Wettkampfebene, Masters etc.)
- Gesellige Veranstaltungen

Tab. 19: Orientierungsbereich Pävention – Gesundheit – Fitness

II. GRUNDLAGENTRAINING

Altersbereich	Gruppen
ca. 13-18 Jahre	Trainings- und wettkampfwillige Junioren und Juniorinnen

Ziele:
- Entwicklung der Rudertechnik und -taktik
- Entwicklung von Leistungsvermögen und -bereitschaft
- Herausbildung einzelner Leistungsfaktoren im Rennrudern (z.B. Kraft, Ausdauer)
- Regattabesuche, Wettkämpfe
- Integration in den Verein

Vorgehen:
1. Training ist zielgerichtet im Hinblick auf die Rennruderleistung
2. Beibehaltung einer möglichst großen Vielfalt von Beanspruchungs-formen (Landtraining, andere Sportarten)
3. Differenzierung des Trainings nach physischen Leistungsfaktoren und Methoden hinsichtlich der speziellen Anforderungen
4. Orientierung über andere ruderspezifische Betätigungen und Ermöglichung der Teilnahme

Organisations- und Wettbewerbsformen:
- Training
- Regatten
- Breitensportwettkämpfe
- Wanderfahrten
- Veranstaltungen des Vereins

Tab. 20: Orientierungsbereich Grundlagentraining

III. RENNRUDERN

Alterstufe	Gruppen
Ab 18 bis 50 und älter	Trainings- und rennruderwillige Erwachsene, Masters

Ziele:
- Regelmäßige Wettkampf- und Regattabesuche auf regionaler Ebene
- Entwicklung und Erhaltung der ruderspezifischen Leistungsfähigkeit unter ökonomischen Aspekten (Aufwand und Ertrag)
- Vorbereitung auf ehrenamtliche Tätigkeiten (z.B. Übungsleiter) im Verein

Vorgehen:
1. Entwicklung einer breiten Basis der Leistungsfähigkeit
2. Gruppenbildung
3. Integration in den Verein

Organisations- und Wettbewerbsformen:
- Training
- Regatten
- Langstreckenrennen
- Rudertriathlons
- Landesmeisterschaften
- Auslandsregatten
- Wanderfahrten
- Indoor-Veranstaltungen

Tab. 21: Orientierungsbereich Rennrudern

IV. HOCHLEISTUNGSTRAINING

Altersbereich	Gruppen
ca. 19-30 Jahre	Aussichtsreiche Rennruderer nach erfolgtem Grundlagentraining

Ziele:
- Optimierung der Leistungsfähigkeit hinsichtlich der individuellen Fähigkeiten und internationaler ruderspezifischer Anforderungen
- Entwicklung der speziellen Ausdauer
- Vervollkommnung der Technik und Taktik
- Internationale Rennerfolge
- Integration in den Verein und Verband

Vorgehen:
1. Differenzierung des Trainings nach Terminen, Teilzielen und Leistungskennwerten
2. Ruderspezifisches Training (bis 75% des Gesamttrainings)
3. Ziel- und Hauptwettkämpfe
4. Einbindung in ein Kader- und Selektionssystem

Organisations- und Wettkampfformen:
- Training
- Regatten
- Leistungstests
- Nationale und internationale Meisterschaften
- Trainingslager

Tab. 22: Orientierungsbereich Hochleistungstraining

V. REHABILITATION/KOMPENSATION

Altersbereich	Gruppen
	Sportler nach Verletzungen, Behinderte

Ziele:
- Wiederherstellung der Leistungsfähigkeit und Lebenstüchtigkeit (z.B. nach Bewegungsmangelerkrankungen und nach Verletzungen)
- Kompensation psychischer und körperlicher Leiden
- Erweiterung der Handlungsmöglichkeiten Behinderter (z.B. Sehgeschädigte, Blinde)
- Integration in soziale Umwelt, Verein

Vorgehen:
1. Definition der Einschränkung
2. prognostisches Ziel
3. Auswahl unter den Möglichkeiten
4. Festlegung der Dosierung
5. Erfolgskontrolle

Organisations- und Wettbewerbsformen:
- Spezieller und allgemeiner Ruderbetrieb
- Tages- und Wanderfahrten
- Volksruderwettbewerbe
- Fahrtenabzeichen
- Teilnahme an den geselligen Veranstaltungen des Vereins und Integration ins Vereinsleben

Tab. 23: Orientierungsbereich Rehabilitation/Kompensation

2. Gesetzmäßigkeiten des Trainings

Das Gesetz von Belastung und Anpassung

Eine Leistungssteigerung oder die Verzögerung des altersbedingten Leistungsabfalls wäre nicht denkbar, wenn nicht eine planmäßige *Störung* eines allgemein bestehenden körperlichen Gleichgewichts erfolgen würde. Ein biologisches Gesetz (Gesetz der Homöostase) besagt, dass der Organismus zur Erhaltung eines dynamischen Gleichgewichts zwischen seinem Leistungsvermögen und den Leistungsanforderungen (seiner Umwelt) tendiert. Diese *Störung* des gesunden Organismus in seinem Gleichgewicht erfordert bestimmte Mindest-Reize. Diese Reize müssen über einer bestimmten *Reizschwelle* liegen, denn zu geringe Reize haben keine Wirkung, zu hohe Reize allerdings schaden dem Organismus.

Der überschwellige Reiz äußert sich als *Ermüdung* des Organismus, die jedoch wieder den Neuaufbau der durch die Stoffwechselvorgänge erschöpften Energiepotentiale bewirkt und die Funktionsfähigkeit wiederherstellt *(Regeneration)*.

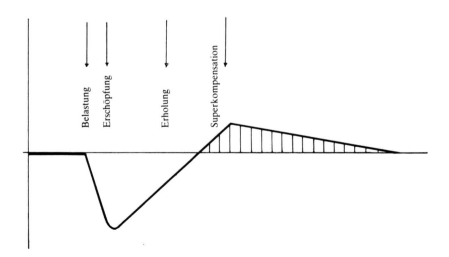

Abb. 16: Das Gesetz der Superkompensation

Training wäre allerdings zwecklos, wenn diese Anpassung nicht über das ursprüngliche Niveau hinaus erfolgen würde (Abb. 16). Dieser Mehrausgleich, genannt *Superkompensation,* verliert seine Wirkung wieder, wenn die überschwelligen Reize nicht ständig wiederholt werden.

Trainingshäufigkeit

Die Trainigshäufigkeit, also die Anzahl der Belastungseinheiten pro Woche, ist neben dem richtigen Ausmaß des Reizes – der *Reizintensität* und *Reizdauer* – von beträchtlicher Bedeutung. Im Gegensatz zu den Spitzensportlern, die maximale Leistungen bringen möchten oder müssen, muss sich der Freizeitsportler über ein sinnvolles und ökonomisches Verhältnis zwischen Aufwand und Nutzen Gedanken machen. Prinzipiell ist es sinnvoller, häufig in *kleinen Portionen* zu trainieren (z.B. 4-5-mal pro Woche), als seltener in großen Umfängen (1-mal pro Woche 3 Stunden). Im Rudern ist darauf zu achten, dass die Belastungseinheit eine gewisse Mindestdauer hat:

1. Bedingt durch die Trainigsorganisation (Anfahrt zum Verein, Bootstransport, -pflege) lohnen sich Einheiten ab mindestens 30-45 Minuten Ruderdauer.

2. Verbesserung der Ausdauer, die man für mehrere und lange Strecken, z.B. auf einer Wanderfahrt, benötigt, lässt sich nicht so gut in Einheiten unter 30 Minuten entwickeln, da erst ab diesem Zeitpunkt die entsprechende physiologische Wirkung (Fettstoffwechsel) einsetzt.

Wesentlich ist es zudem, dass die Pausen zwischen den Belastungseinheiten nicht zu kurz, aber auch nicht zu lang sind. Bei zu geringer Trainingshäufigkeit, Unregelmäßigkeit oder ungünstiger Verteilung ist die Erholungspause zu lang, die *Superkompensation* ist schon wieder abgebaut, man tritt auf der Stelle. Stagnation oder gar eine Rückentwicklung des Trainingszustandes kann sich bei zu kurzen Trainingspausen ergeben: *Übertraining.*

> **Die sinnvolle Belastungs- oder Trainingshäufigkeit wird bestimmt durch**
> - momentanen Leistungsstand (Kondition) des Sportlers
> - Belastungsart
> - Belastungsintensität, -dauer und -umfang
> - Qualität der Erholung nach vorausgegangenen Belastungen
> - Lebensführung (Ernährung, Schlaf)

Bei Spitzensportlern z.B. genügen diese Informationen zur Bestimmung der Trainingsgestaltung und Optimierung der Trainingsplanung nicht. Sportler und Trainer bedienen sich dabei auch des subjektiven Gefühls, des „In-sich-Hineinhorchens", um Überforderungen zu vermeiden. Diese Fähigkeit entwickelt sich bei einem bewusst gestalteten Training auch bei Freizeitsportlern.

Belastungssteigerung und Leistungszuwachs

Eine Zunahme der Leistungsfähigkeit bewirkt, dass die Reizschwelle ansteigt, woraus das Prinzip der steigenden (progressiven) Belastung folgt. Behält man den gleichen Ausprägungsgrad der Belastung bei (gleiche Intensität, gleicher Umfang etc.), dann erscheint der Anstrengungsgrad immer geringer und die Superkompensation lässt nach. Die Belastung sollte deshalb alle 2-3 Monate gesteigert werden.

Sowohl im Grundlagen- wie auch im Hochleistungstraining erfolgt diese Steigerung oft sprunghaft und unter vielfältigem Einsatz von Trainingsmethoden und -mitteln. Im Fitnessbereich genügt eine allmähliche Belastungssteigerung, um Leistungsstillstände oder -rückschritte zu vermeiden.

Dabei versucht man, selbstverständlich unter Berücksichtigung der Möglichkeiten des Sportlers, folgende Reihenfolge der Belastungssteigerung im Rudern (vornehmliches Ziel: Ausdauer) zu verfolgen:

1. Trainingshäufigkeit
2. Trainingsumfang
3. Anzahl der Reize
4. Reizdichte und -dauer
5. Reizintensität

Je besser dabei der Trainingszustand ist,
- umso geringer ist der Leistungszuwachs im Verhältnis zum Trainingsaufwand

- umso höher ist der Aufwand, um diesen Trainingszustand nur zu erhalten.

Untrainierte erzielen demnach mit wenig Aufwand schon in relativ kurzer Zeit einen guten Leistungszuwachs und Trainingseffekt, bei Hochtrainierten wird das Verhältnis zwischen Aufwand und Ertrag immer ungünstiger.

Qualität der Anpassung

Neben den bisher aufgeführten Bedingungsfaktoren des Trainings spielt die Art der Belastung eine wesentlich Rolle für den Trainigseffekt: spezielle Reize führen zu speziellen Anpassungen, d.h. bei gleicher Trainingsqualität (als Produkt der noch zu behandelnden Belastungsfaktoren Intensität, Dauer, Umfang, Dichte, Reiz und Häufigkeit), aber unterschiedlicher Zusammensetzung ergeben sich z.t. sehr unterschiedliche Trainingseffekte. Eine Ermüdung kann z.b. durch relativ kurze, intensive Reize mit definierter Pause herbeigeführt werden, genauso wie durch einen weniger intensiven, langen Reiz. Trotz der gleichen Quantität ergeben sich qualitativ unterschiedliche Trainingswirkungen.

3. Belastungsfaktoren im Rudertraining

In der Trainingsmethodik hat sich die Unterscheidung zwischen *äußerer* und *innerer* Belastung als hilfreich erwiesen. Die äußere Belastung wird durch Belastungskennziffern festgelegt, z.B. 20 km Rudern mit einer Schlagfrequenz (SF) von 25-26, darin 4x7 Minuten SF 29/30 mit einer Pause von jeweils 5 Minuten. Die innere Belastung beschreibt die individuelle Anpassungsreaktion, den Grad der Anstrengung, den der einzelne Sportler bei einer definierten äußeren Belastung empfindet. Die o.a. Trainingsanweisung wird von Ruderern unterschiedlicher Leistungsstärke auch als unterschiedlich stark belastend empfunden, sodass neben dem subjektiven Ausprägungsgrad der Belastung auch eine andere Anpassungsreaktion und damit ein anderes Trainingsergebnis zu erwarten sein wird (Abb. 17).

Die Struktur der äußeren Belastung im Rudern ist gekennzeichnet durch folgende Belastungskomponenten:

Belastungskomponente	Quantifizierung
Trainingshäufigkeit	Anzahl der Trainingseinheiten/Woche
Umfang des Trainings	Km, Minuten, Dauer des Trainings
Intensität	m/s, m/min, Schlagfrequenz
Reizdauer	s, min, Wiederholungen pro Serie
Reizhäufigkeit	Anzahl der einzelnen Reize
Reitzdichte	Zeitliches Verhältnis von Belastung und Erholung, Zeitintervalle zwischen den Einzelreizen einer Trainingseinheit

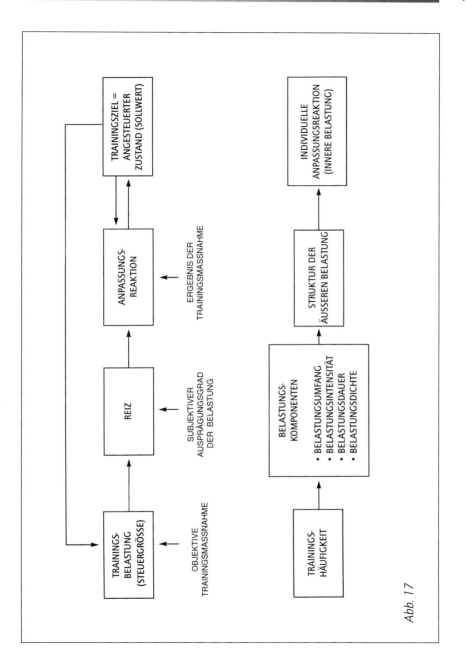

Abb. 17

Insbesondere hinsichtlich der Belastungsintensität sind die erwünschten Anpassungsreaktionen nur auf der Grundlage der inneren Belastung sinnvoll, weshalb im Hochleisstungsrudern leistungsphysiologische und biochemische Daten durch Belastungsprüfungen an den Ruderern gewonnen werden, die dann als Grundlage einer Trainingsplanung herangezogen werden und damit dem aktuellen Leistungsvermögen wie einer individuellen Steuerung Rechnung tragen. Aber auch der Freizeit- und Fitnessbereich kann davon profitieren, wenngleich solche aufwendigen und speziellen Prozeduren selten möglich sind.

4. Intensität und Energiebereitstellung

Zum weiteren Verständnis des Zusammenhangs von Intensität (insbesondere der inneren Belastung) und Trainigssteuerung sind einige physiologische Anmerkungen notwendig.

Um ein Boot (möglichst schnell) durch das Wasser zu bewegen, benötigt der Ruderer Energie, die er aus chemischen Umwandlungsprozessen im Muskelgewebe gewinnt. Energieliefernde Substrate stehen für diese Umwandlung chemisch gebundener Energie (z.B. Zucker im Blut) in mechanische als Glykogen (Speicherform der Kohlenhydrate) und Fette zur Verfügung. Das sehr energiereiche Adenosintriphosphat (ATP), das nur in einer sehr geringen Menge im Muskel lagert und nur für wenige Sekunden oder Muskelkontraktionen ausreicht, stellt diese Energie bereit, die aber ständig mit Nachschub versorgt werden muss. Dieser Nachschub vollzieht sich – grob beschrieben – in drei ineinander greifenden Stufen (vgl. Abb. 18):

1. Für eine Zeit von ca. 10-15 Sekunden wird das gespeicherte Kreatinphosphat zur ATP-Gewinnung genutzt. Diese Energiequelle ist für maximale Leistungen über einen sehr kurzen Zeitraum hilfreich.

2. Die nächste Energiequelle wird erschlossen, indem das gespeicherte Glykogen in der Muskelzelle *ohne* Beteiligung von Sauerstoff unter Bildung von ATP und Milchsäure (Lactat) verbraucht wird (*anaerobe Glykolyse*). Auch diese Energiequelle ist schnell verfügbar, hat jedoch den Nachteil, dass für die notwendige Umwandlung in ATP sehr viel Glykogen benötigt wird und dazu das *Abfallprodukt* Milchsäure entsteht. Milchsäure führt ab bestimmten Konzentrationen zu Übersäuerungen des Muskels, der Muskel ermüdet.

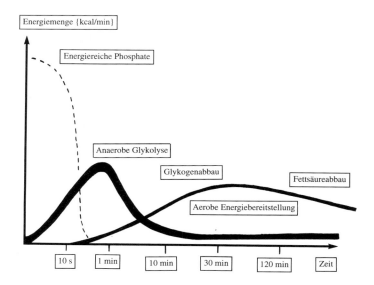

Abb. 18: Energiebereitstellung in Abhängigkeit von der Belastungsdauer

3. Nach ca. 30 Sekunden Belastungsdauer beginnen die aeroben Prozesse (Oxidation). Unter Zuhilfenahme von Sauerstoff werden Kohlenhydrate und Fette verbrannt und das ATP wird in weit ökonomischerer Weise als bei der Glykolyse hergestellt.

Je nach Dauer der sportlichen Belastung stehen die verschiedenen Energiequellen, die in ihrer Ausnutzung und Ökonomie durch Training zu entwickeln sind, im Vordergrund.

Im Rudern überwiegen die aeroben Prozesse, im Rennrudern können jedoch auch anaerobe Kapazitäten aerobe zum Teil kompensieren bzw. in bestimmten Rennphasen (Start und Endspurt) sehr bedeutsam sein. Aerobe und anaerobe Energiebereitstellung ergänzen sich; ihr relativer Anteil ist jedoch je nach Dauer, Intensität und Taktik unterschiedlich.

Ein Maß dafür, ob eine verstärkte aerobe und anaerobe Belastung (also der Grad der inneren Belastung) vorliegt, ist die Milchsäurekonzentration (Lactatkonzentration) im Blut. Aus Konzentrationen, die aus dem Blut der Ohrläppchen ermittelt werden, bis ca. 2 mmol/l wird auf eine überwiegend aerobe Belastung geschlossen *(aerobe Schwelle)*, bei mehr als 4 mmol/l überwiegt der anaerobe Anteil *(anaerobe Schwelle)*. Bis zu dieser Schwelle gelingt es den Sportlern meist, eine Leistung über einen längeren Zeitraum zu halten, liegt die Konzentration darüber, dann steigt sie im Verhältnis zur Leistung sehr schnell an und führt zum baldigen Abbruch der Leistung (Abb. 19).

Ein gut ausdauertrainierter Sportler bildet bei einer definierten Leistung z.B. nur 2,5 mmol/l Lactat, ein weniger gut trainierter hat bereits 8 mmol/l, wird also bereits mit hohen anaeroben Anteilen belastet.

Zur Ermittlung der Ausdauerfähigkeit misst man die Leistungsfähigkeit des Sportlers, z.B. auf einem Ruderergometer. Angegeben wird die Leistung in Watt bei einer Milchsäurekonzentration von 4 mmol/l (anaerobe Schwelle). Dies ist eine Konvention und sagt noch nichts über die maximale Leistung eines Rennruderers über 2.000 m aus, jedoch einiges über dessen Ausdauertrainingszustand.

Solche Messungen sind zur Zeit vornehmlich Leistungssportlern vorbehalten, die mit Hilfe verschiedener Belastungsstufen und der Zuweisung von Herzfrequenzen und Milchsäurekonzentrationen ihr Training steuern.

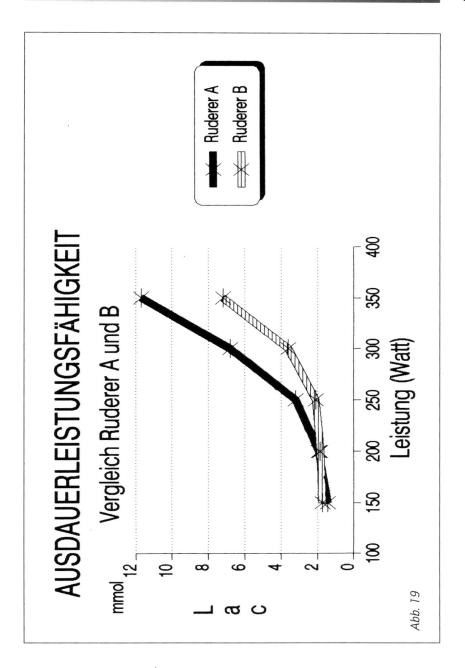

AUSDAUERLEISTUNGSFÄHIGKEIT

Vergleich Ruderer A und B

Ruderer A
Ruderer B

Leistung (Watt)

Abb. 19

5. Intensitätsbereiche im Rudern

Um den erwünschten Trainingseffekt zu erzielen, sollte man sich die folgenden Intensitätsbereiche (Belastungskategorien) bewusst machen. Da eine sportmedizinische oder leistungsdiagnostische Untersuchung zur Festlegung der Intensitätsbereiche und Kategorien nur Leistungsruderern vorbehalten ist, soll Freizeitruderern die Einstufung in die Kategorien durch die Beschreibung zusätzlicher Merkmale erleichtert werden.

Eine Steuerung der *aeroben* Leistungen und Belastungen wird vornehmlich durch Intensitäten der Kategorien VI, V und IV vorgenommen. Zu häufige Belastungen über 4 mmol/l lassen die Leistungen und Entwicklungen – insbesondere im Nachwuchsbereich – stagnieren. Gefährlich können zu intensive und anaerobe Belastungen ab 40 Jahren und in schlecht trainiertem Zustand werden. Ruderer mit dem Ziel der Gesundheitsvorsorge wählen die Intensitätsbereiche V und VI; mit dem Ziel, die Kondition zu steigern, kann man – in Abhängigkeit vom Alter – bis zum Bereich III trainieren: mit dem Anstieg der Milchsäurewerte steigen auch die Stresshormone und damit der Blutdruck. Deshalb sollten intensive Belastungen den Leistungsruderern sowie jüngeren Freizeitruderern, die zudem unter ärztlicher Kontrolle stehen, vorbehalten bleiben.

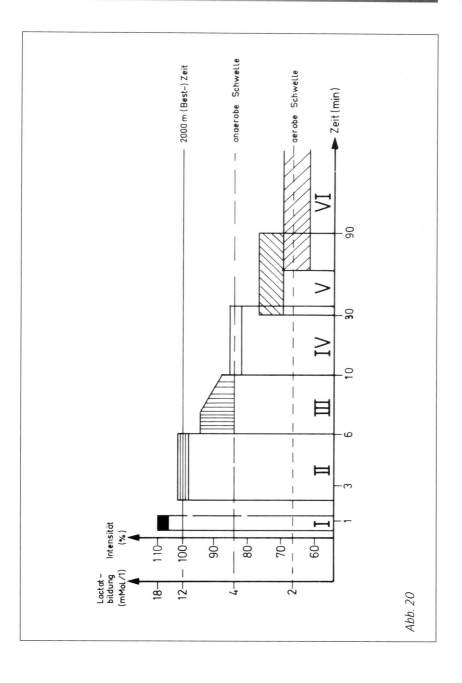

Abb. 20

INTENSITÄTSBEREICH I	
Zielsetzung	Start- und Spurtfähigkeit, Schnelligkeit, Technik bei hohen Schlagfrequenzen
Intensität	Lactat: bei Belastungsdauer über 30 s über 12 mmol/l, bezogen auf 2.000 m-Ruderleistung: 103-110 %, Herzfrequenz ca.: maximal, über 180
Max. Umfang in dieser Intensität	4-5 min/Trainingseinheit
Dauer des Einzelreizes	wenige Sekunden bis 2 min
Dichte/Pausen	2-15 min
Energiebereitstellung	Bis ca. 15 s: Kreatinphosphat (alactazid), ab 20 s: Glykolyse (stark lactazid)
Subjektives Gefühl	Hohe Motivation und maximale Willensanstrengung erforderlich; äußerste Konzentration, Unlustgefühle durch Atemnot und hohe Lactatkonzentration

Anwendungen, Zielbereiche	Fitnesstraining: –
	 Grundlagentraining: ++ alactazid
	      o lactazid
	 Rennruder- und Hochleistungstraining: ++ alactazid
	      + lactazid
	 Reha und Kompensation: –

Beispiele	*alactazid:* 20 Schläge (S) 1/2 Rollbahn, Kraft und Schlagfrequenz (SF) bis Max.; ansteigend; Startübungen (bis zu 15 S) *lactazid:* 4-mal 30 S aus dem Stand maximal; 1-mal 500 m auf Zeit maximal

Erläuterung

–	**unsinnig, gefährlich**
o	**selten und vorsichtig einsetzen**
+	**notwendig, aber dosiert einsetzen**
++	**wichtige Form, häufige Verwendung**
+++	**zentrale, leistungsbestimmende Kategorie**

INTENSITÄTSBEREICH II	
Zielsetzung	Gefühl für Renntempo; taktische Fähigkeiten, Schnelligkeitsausdauer, Technikökonomie unter hoher Belastung; Ruderrennen
Intensität	Lactat: 8-16 mmol/l, Rennen: 98-100 % der maximalen Leistungsfähigkeit über 2.000 m, Herzfrequenz: maximal, über 180
Umfang der Intensität Dauer des Einzelreizes Dichte/Pausen	5-12 min/Trainingseinheit 1-6 min Sondersituation Rennen: 5,5–8,5 min 2-15 min
Energiebereitstellung	Glykolyse + Oxidation (je nach Dauer), Kohlenhydratverbrennung
subjektives Gefühl	maximales individuelles Tempo über Renndistanz, hohe Motivation erforderlich, große Willensanstrengung, Unlustgefühle
Anwendungen, Zielbereich	Fitnesstraining: – Grundlagentraining: ++ Rennruder- und Hochleistungstraining: +++ Reha und Kompensation: –
Beispiele	rennspezifische Belastungen, 3-mal 1.000 m auf Zeit; 6-mal 2 min Rennschlagfrequenz (RSF); 10 min SF-Wechsel für 60 s RSF, 30 s SF 26; 4-mal 4 min Streckenschlag mit Spurts; 12-mal 1 min RSF, Pause 1 min

INTENSITÄTSBEREICH III	
Zielsetzung	spezielle Ausdauer, spezielle Kraftausdauer, Taktik, mannschaftsinterne Koordination, Schulung der Willenskraft, Verbesserung der maximalen Sauerstoffaufnahme
Intensität	Lactat: 5-8 mmol/l, Rennen: 85-95 %, Herzfrequenz: annähernd maximal, VO_2 max: 90-100 %
Umfang der Intensität Dauer des Einzelreizes Dichte/Pausen	20-40 min/Trainingseinheit 3-10 min 3-10 min
Energiebereitstellung	Glykolyse + Oxidation, Kohlenhydratverbrennung
Subjektives Gefühl	eingeengtes Gesichts- und Gedankenfeld, Unlustgefühle wegen ansteigender Lactatkonzentrationen, große Willensanstrengung, kein Blick für Natur und Umwelt, hohe Konzentration erforderlich, Sprechen nur noch in Wortfetzen, beschleunigte Atmung
Anwendungen, Zielbereiche	Fitnesstraining:　　　　　　　– (Gesundheit) 　　　　　　　　　　　　o (bei Jüngeren Kondition) Grundlagentraining:　　　++ Rennruder- und Hochleistungstraining:　　++ Reha und Kompensation:　　–
Beispiele	3-mal 7min 2-6 S unter RSF; 3-mal 2.000 m ohne Startspurt mit ansteig. SF; 2-mal 12 min SF-Wechsel alle 30-60 s SF 30-26; 6-8-mal 3 min SF 30-32, Pause 3 min

INTENSITÄTSBEREICH IV	
Zielsetzung	Schulung der Willenstärke, Kraftausdauer, aerobe Kapazität, intensives Ausdauertraining, Verbesserung der Sauerstoffaufnahme
Intensität	Lactat: 3-6 mmol/l, anaerobe Schwelle, Rennen: 80-85 %, Herzfrequenz: ca. 190 – Lebensalter VO_2 max: 80-90 % max, über 180
Umfang der Intensität Dauer des Einzelreizes Dichte/Pausen	10-45 min/Trainingseinheit 1-45 min 0-10 min
Energiebereitstellung	Oxidation, Kohlenhydratstoffwechsel mit Verbrauch des Muskelglykogens
Subjektives Gefühl	Gefühl stärkerer Belastung, beginnende Kurzatmigkeit, Unterhaltungsmöglichkeit stark eingeschränkt, erhöhte Willenskraft und Konzentration notwendig, Gesichtsfeld etwas eingeengt, mittleres Tempo bei Langstreckenrennen
Anwendungen, Zielbereiche	Fitnesstraining: o (Gesundheit als Intervallbelastung von 1-2min) + (Kondition) Grundlagentraining: ++ Rennrudertraining: ++ Hochleistungstraining: +++ Reha und Kompensation: – (Reha) o (Kompensation)
Beispiele	2-mal 20 min volle Kraft; 30 min SF-Wechsel 18-28 S; 3-mal 3.000m 4-8 S unter RSF, Pause 5 min; 10 km auf Zeit bei vorgegebener SF; Fitness: 20-30 min SF-Wechsel jede Min. 20-26 S; 3-mal 6 min ansteig. SF 20-22-24-25-28, Pause 5 min

INTENSITÄTSBEREICH V	
Zielsetzung	Entwicklung der aeroben (Grundlagen-) Ausdauer, Stabilisierung und Wiederherstellung des Ausdauerniveaus Technikschulung
Intensität	Lactat: 1,5-3 mmol/l, Rennen: 70-80 %, Herzfrequenz: 180–Lebensalter, VO_2 max: 70-80 %
Umfang der Intensität Dauer des Einzelreizes Dichte/Pausen	30-100 min/Trainingseinheit 30-100 min keine
Energiebereitstellung	teils Fettstoff-, teils Kohlenhydratstoffwechsel (je nach Dauer)
Subjektives Gefühl	Atmung ist beschleunigt, Sprechen (kurze Sätze) noch möglich; erhöhte Konzentration Landschaft und Umgebung wird noch wahrgenommen
Anwendungen, Zielbereich	Fitnesstraining: + (Gesundheit) +++ (Kondition) Grundlagentraining: +++ Rennruder- und Hochleistungstraining: +++ Reha und Kompensation: +
Beispiele	Langstreckenarbeit mit ca. 10-18 S unter Streckenschlag im Rennen, z.B. über 90 min mit SF 20-23; Je nach Trainingszustand wird der Umfang des Trainings bzw. die Intensität (hier die SF) variiert; SF-Wechsel sind möglich, höhere SF, z.B. über 30, nur über kurzen Zeitraum, d.h. alactazid

INTENSITÄTSBEREICH VI

Zielsetzung	Schulung und Stabilisierung der Technik, Willensschulung, Grundlagenausdauer (vegetatives Nervensystem, Kapillarisierung) Verbesserung des Fettstoffwechsels
Intensität	Lactat: unter 2 mmol/l, Rennen: 65-70 %, Herzfrequenz: 170–Lebensalter VO_2 max: 60-70 %
Umfang der Intensität Dauer des Einzelreizes Dichte/Pausen	30 min – mehrere Stunden/Trainingseinheit 30 min – mehrere Stunden nicht erforderlich
Energiebereitstellung	Fettstoffwechsel über Oxidation
Subjektives Gefühl	gewisses Tempogefühl, sehr angenehm, Unterhaltung gut möglich, Atmung und Herzschlag kaum spürbar, Blick für Landschaft und Umgebung
Anwendungen Zielbereich	Fitnesstraining: +++ Grundlagentraining: ++ Rennruder- und Hochleistungstraining: + Reha und Kompensation: +++
Beispiele	Strecken beliebiger Länge und SF (bis ca. 20), gut geeignet für technische Spiele im Boot, flotte Tagesfahrten, Wanderfahrten für Geübte. Intensitäten deutlich unter den hier angegebenen dienen lediglich noch der Regeneration und aktiven Erholung bzw. sind dem Erlernen des Bewegungsablaufs zuzuordnen. Aus gesundheitlicher Sicht sind sie dennoch wertvoll.

6. Ergänzendes Training

Für den Freizeitbereich wie auch für das Grundlagen- und Hochleistungstraining ist es sinnvoll, über ergänzende Trainingsmöglichkeiten *an Land* Informationen zu haben. Für das Leistungstraining ist es zudem unabdingbar, z.b. ein zusätzliches Krafttraining durchzuführen, aber auch Fitnessruderer profitieren davon: ein ergänzendes Training bietet oft einen Ausgleich, Abwechslung und vermehrt die Trainingsmöglichkeiten allgemein. Im Folgenden sollen dem Rudern zuträgliche Belastungsmöglichkeiten in ihren Grundsätzen skizziert werden. Aus Platzgründen kann dieser Abschnitt nicht sehr ausführlich auf Übungsbeispiele eingehen; es gibt jedoch hierzu eine Reihe guter und anschaulicher Literatur.

Krafttraining

Für jede Bewegung benötigt der Mensch Kraft. Die physikalische Definition von Kraft (= Produkt aus Masse und Beschleunigung) lässt jedoch keine sinnvolle Abgrenzung zur Ausdauer oder Schnelligkeit zu, z.b. wird bei der Ausdauer *Kraft* sehr lange benötigt (bei Schnelligkeit sehr schnell). Hinzu kommt noch, dass Kraft sportartspezifisch ist, sie ist immer eine Kombination, eine Mischung aus vielen Fähigkeiten und Erscheinungsweisen (Maximalkraft, Kraftausdauer, Schnellkraft, Kraft in den verschiedenen Muskelgruppen etc.). Um diesem Problem im Folgenden gerecht zu werden, wollen wir Kraft als die Fähigkeit verstehen, eine Masse (den eigenen Körper, Boot, Gerät) zu bewegen und einem Widerstand durch Muskelarbeit entgegenzuwirken.

Die Erscheinungsform der Kraft im Rudern ist abhängig von der ruderischen Tätigkeit, Intensität und Dauer. Um im Spitzenrudern international erfolgreich zu sein, benötigt ein Ruderer für ca. 240 Schläge einen Kraftaufwand von ca. 50-70 kp pro Ruderschlag. Einem Wanderruderer genügen 15-25 kp, allerdings für mehrere Stunden. Je geringer die Widerstände, die es zu überwinden gilt, desto unbedeutender wird die Kraft, die man als *Maximalkraft* bezeichnet. Das ist die höchstmögliche Kraft, die der Mensch bei willkürlicher Muskelkontraktion auszuüben vermag.

Demnach ist die Maximalkraft für die meisten ruderischen Tätigkeiten relativ unbedeutsam. Sie hat jedoch noch eine andere Funktion: sie ist die Grundlage für die im Rudern, insbesondere im Rennrudern, so bedeutsame *Kraftausdauer*, jene Fähigkeit, Kraftleistungen über die Wettkampfzeit aufrecht erhalten bzw. den ermüdungsbedingten Abfall des Kraftniveaus möglichst lange hinausschieben zu können. Die Zeitdauer der Belastung und der prozentuale Anteil der Maximalkraft an der Belastung bestimmen, ob die Kraftausdauer eher zur Kraft (Maximalkraft) oder zur Ausdauer tendiert. Kraftausdauer ist im Rudern über die Wettkampfdistanz mit anaerober und aerober Energiegewinnung gekoppelt, weil die Widerstände z.T. sehr groß und die Belastungsdauer hoch ist.

Eine Methodik des speziellen Kraftausdauertrainings im Rudern hat demnach vier Komponenten zu berücksichtigen:
1. die Höhe des Widerstandes
2. die Schnelligkeit der Krafteinsätze
3. die Frequenz der Krafteinsätze
4. den Umfang und die Dauer der Krafteinsätze

Deshalb sind bei einem speziellen Krafttraining im Rudern neben der Kraftausdauer auch die Merkmale eines Maximalkrafttrainings, Schnellkrafttrainings und der anaeroben Ausdauer zu berücksichtigen.

Unter *Schnellkraft* verstehen wir die Fähigkeit, Bewegungen gegen Widerstände mit hoher Geschwindigkeit auszuführen.

Ein *Maximalkrafttraining* kann zwei Zielsetzungen verfolgen:
1. die Zunahme des Muskelquerschnitts
2. die Verbesserung der intramuskulären Koordination

Beides erfordert hohe bis maximale Muskelanspannung, Ersteres eine lange Reizdauer während der Kontraktion, Letzteres bei kurzer Muskelanspannung eine explosive Ausführung. Maximalbelastungen bringen nur Gewinn, wenn sie in ausgeruhtem Zustand und bei hinreichenden Erholungszeiten zwischen den Belastungen durchgeführt werden.
Bei der *Schnellkraft* kann man zwei für das Rennrudern relevante Formen des Trainings unterscheiden:
1. die explosive Überwindung hoher Widerstände (z.B. am Start)
2. die (bewegungs-)schnelle Ausführung, die zudem die Koordination verbessern hilft, und im Gegensatz zum Maximalkrafttraining und der ersten Form des Schnellkrafttrainings vermehrt lactazide Energiebereitstellung erfordert.

Beim *Kraftausdauertraining* ist darauf zu achten, dass die zu überwindenden Widerstände höher sind als z.B. in einem Ruderrennen und dass aufgrund der Belastungsstruktur eine spürbare muskuläre Ermüdung eintritt.

Ersch.-form Trainingseffekt	Intensität	Wiederholung Serien	Pausen	Ausführung
Maximalkraft Querschnitts- vergrößerung	75-90 %	6-10 3-5	2-4 min	zügig langsam
Maximalkraft intramuskuläre Koordination	85-100 %	1-5 3-5	2-5 min	explosiv zügig
Schnellkraft hohe Widerstände	50-75 %	6-10 4-6	2-4 min	explosiv
Schnellkraft Schnelligkeit, Koordination	40-60 %	10-20 5-8	30-90 s	schnell
Kraftausdauer Beliebig höher als Wettkampf	40-60 %	30-50 5-8	30-90 s	schnell

Tab. 24: Übersicht über Struktur und Methoden des Krafttrainings

Sämtliche Formen und Ziele des Krafttrainings sind auch im Ruderboot durchführbar, erfordern jedoch – bis auf das Kraftausdauertraining – ein hohes rudertechnisches Niveau. Auch hier gilt: Je höher das Leistungsniveau, umso spezieller muss das Krafttraining sein, d.h. im Boot stattfinden, um einen verstärkt positiven Effekt auf die Rennleistung zu erzielen.

An Krafttrainingsmitteln bietet sich vielerlei an; die Durchführung hängt natürlich weitgehend von der räumlichen und gerätemäßigen Ausstattung des Vereins oder des Sportlers ab:

1. Übungen ohne Gerät (z.B. Eigengewicht, Partnerübungen, Gymnastik)
2. Übungen mit Kleingeräten (z.B. Medizinball, Sandsack, Kurzhanteln, Gewichtsweste etc.)
3. Übungen mit Großgeräten (z.B. Boot, Scheibenhanteln, Turngeräte, Langbank, Sprossenwand, Taue, Kletterstangen).

Krafttraining am Beinstoßgerät

Entscheidend für den Trainingseffekt ist nicht so sehr die Wahl des Trainingsmittels, sondern in erster Linie die richtige Dosierung.

Prinzipiell gilt: Je spezialisierter ein Athlet ist, desto geringer ist die Möglichkeit, die Vielfalt der Trainingsmittel auszuschöpfen. Spezielle Ausdauer und spezielle Kraftausdauer lassen sich auf sehr hohem Niveau nur durch das Rudern selbst oder das Rudern simulierende Bewegungen (z.b. Ruderergometer, ruderähnliche Übungen an der Hantel, Ruderbecken etc.) entwickeln.

Es ist sogar fraglich, ob ein allgemeines Krafttraining an der Hantel ohne ruderspezifische Übungen auf dem Spitzenniveau die spezielle Ruderleistung steigern kann; positiven Einfluss auf die allgemeine Kondition hat es allemal.

Freizeitsportler und Nachwuchsruderer (Grundlagentraining) hingegen können und sollten – unter Beachtung der gewünschten Belastungsstrukturen – die abwechslungsreiche Vielfalt der Trainingsmittel voll ausschöpfen; Spitzensportler können dies auch – soweit sie ihre allgemeine Fitness steigern wollen.

Freizeit- und Nachwuchsruderer sollten sich zu Beginn des Grundlagentrainings bezüglich der Kraftarten nicht allzu sehr spezialisieren. Ziel kann es nur sein, durch eine allgemeine Kräftigung den Konditionsstand zu erhöhen; zentrales Trainingsziel bleibt die Ausdauer.

Eine allgemeine Kräftigung ist gegeben, wenn die Intensität ca. 60-90 % des maximalen Leistungsvermögens beträgt, Wiederholungen von mindestens 5 bis maximal 12 möglich sind.

Die Übungen und Widerstände sind entsprechend zu wählen, denn höhere Wiederholungszahlen garantieren nicht unbedingt eine Querschnittsvergrößerung, zudem wird zuviel Lactat gebildet.

Zur Verbesserung oder Erhaltung des Muskelquerschnitts bedarf es einer hohen Intensität, weshalb zur allgemeinen Kräftigung z.B. Überkopf-Arbeit oder große Fremdbelastungen (z.T. durch Partner, Scheibenhanteln) zu vermeiden sind.

In der Regel genügen das Eigengewicht oder kleinere Geräte (Medizinball, Sandsack), aber auch die mittlerweile weiter entwickelten Kraftmaschinen.

Spezielle Kraftübungen für das Rudern

1. Arme und Schultern
   - Klimmzüge in verschiedenen Variationen

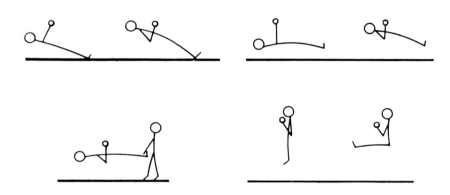

- Armbeuger (Bankziehen etc.)

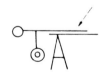

- Liegestütz rücklings und vorlings
- Zugapparat
- Expanderziehen

- Unterarmbeugen mit Zusatzlast

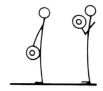

- Armstrecker (Bankdrücken etc.)

• Aufdrehen von Gewichten (Unterarme)

2. Beine und Hüfte
  • Strecksprünge
  • Hockstrecksprünge
  • Beinstoßgerät

- Kniebeugen mit Zusatzlast
- einbeinig auf Kasten steigen mit Zusatzlast

3. Rumpf und Rücken
  - aus der Bauchlage den Oberkörper aufrichten

- Adlerschwingen
- Oberkörper auf einen Kasten legen, herabhängende Beine werden in die Waagerechte gebracht

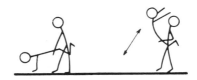

- Füße fixiert, Oberkörper seitlich anheben
- Bauchlage, Beine abwechselnd anheben
- Medizinball vom Boden über den Kopf nach hinten schleudern

- im Stand Oberkörper gegen Zusatzlast aufrichten

4. Körpervorderseite
   - Füße fixiert, Oberkörper wird aufgerichtet

- Rückenlage, Beine werden gemeinsam oder abwechselnd angehoben

- Ratzeburger (an der Sprossenwand hängend bringt der Ruderer die Beine über den Kopf)

- das Gleiche seitwärts oder nur Knie anheben

• Rückenlage, auf einer Bank liegend werden zunächst die gestreckten Arme mit einer Zusatzlast (Hantelstange) in die Senkrechte gebracht, dann der Oberkörper aufgerichtet (Einwurfübung)

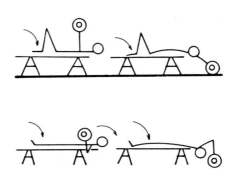

Bankdrücken

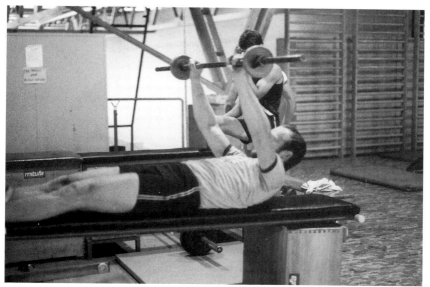

Einwurfübung

Adlerschwingen

- Medizinball einwerfen
- Rückenlage auf einer Bank, die zur Seite gestreckten Arme werden über dem Brustkorb zusammengebracht (Schmetterling)
- Partnerübung: den Partner über die Schultern oder den Rücken ziehen

5. Ganzkörperübungen
- aus der Bauchlage Liegestütz, dann anhocken, Strecksprung und wieder auf den Bauch legen
- Strecksprung an die Reckstange mit anschließendem Klimmzug
- Reißen mit der Scheibenhantel

- Umsetzen mit der Scheibenhantel
- Zugapparat, der die Ruderbewegung simuliert
- Ruderergometer oder Windrad
- Ruderbecken
- Kniebeuge mit Armheben (Zusatzlast). Spezialübung (vgl. Foto unten)
- Anreißen

Spezialübung   *Bankziehen*

Beweglichkeit

Die Fähigkeit, Bewegungen mit einer großen Schwingungsweite willkürlich durchzuführen, nennt man Flexibilität oder Beweglichkeit. Im Rudern benötigt man eine gute Beweglichkeit im Schultergürtel, der Wirbelsäule und der Hüfte. Der Beweglichkeit als leistungslimitierender Faktor im Rudern kommt oft nicht die Bedeutung zu, die sie verdient, obwohl sie folgende wichtige Funktionen erfüllen kann:

• Vermeidung von Verletzungen
• Ermöglichung ökonomischerer Bewegungen
• Leichteres Erlernung von Bewegungen
• Bessere Auswirkung von Kraft, Schnelligkeit und Ausdauer

Für ein allgemeines Beweglichkeitstraining genügen ca. 10 Wiederholungen einer Übung (bei 2- bis 3-maliger Durchführung pro Woche), die in ihrer Intensität nach ca. 5 Wiederholungen gesteigert werden. Die Reizschwelle ist dabei sehr hoch, d.h. sie liegt nahe der Schmerzgrenze bei den Dehnübungen. Außer vom Trainingszustand ist sie abhängig von:

• Alter
• Tageszeit
• Ermüdungsgrad
• anatomischen Voraussetzungen (Beschaffenheit der Gelenke)
• Bekleidung
• Aufwärmen
• Temperatur
• psychischer Verfassung

Ein Beweglichkeitstraining wird meist in Verbindung mit anderen Leistungsfaktoren trainiert. Wichtig dabei ist jedoch, dass das Beweglichkeitstraining den richtigen Platz in der Trainingseinheit erhält. Am sinnvollsten ist es *nach* einer hinreichenden Aufwärmung und *vor* belastenden Trainingsabschnitten.

Beweglichkeit wird hauptsächlich mit dem Begriff „Gymnastik" in Verbindung gebracht. Unter Berücksichtigung der Intensitätszunahme werden die Übungen *systematisch von Kopf bis Fuß* durchgeführt, von Lockerungsübungen unterbrochen. Diese Systematik kann in verschiedenen Intensitätsstufen mehrmals durchlaufen werden. Eine Möglichkeit der Intensitätssteigerung bietet neben der *akti-*

ven die *passive* Dehnung und Beweglichkeitsschulung. Sie ermöglicht mit Unterstützung äußerer Kräfte (meist Partner) größere Bewegungsamplituden als die vom Sportler selbst (aktiv) durchgeführte Übung. Vorsicht in der Anwendung passiver Beweglichkeitsübungen ist bei Jugendlichen unter 15 Jahren und älteren Sportlern geboten.

Übungsbeispiele fürs Rudern (ohne Gerät)

- Handflächen berühren bei durchgedrückten Knien den Boden
  Steigerung: auf Bank stellen und so weit es geht die Hände nach unten bringen
- Beine spreizen, Knie durchdrücken, mit den Händen durch die Beine nach hinten greifen
- Knie durchdrücken und versuchen, mit dem Kopf die Knie zu berühren (Beinwechsel)
- Seitgrätschstellung, abwechselnd mit linker Hand zum linken Knöchel und das Gleiche mit rechts. Nicht vor- oder zurückbeugen!
- Rückenlage, Beine weit hinter den Kopf bringen, die Knie nicht durchdrücken
- Kniestand, Ellbogen zurück, mit Kopf nach hinten
- Auf einem Bein abknien, Arme hoch und zurückbeugen

Beweglichkeitsschulung in Form eines Rundgangs
(in einer Turn- oder Sporthalle durchführbar)
1. Schultergürtel: ein Stab wird mit gestreckten Armen vor und hinter den Oberkörper gebracht. Griffhaltung ist abhängig von Beweglichkeit
2. Wirbelsäule: Füße bleiben an derselben Bodenstelle, Hände fassen Ringe und der gesamte, durchgestreckte Körper kreist
3. Körperseite, Flanke: in der Bauchlage wird versucht, die gestreckten Arme und Beine (jeweils links und rechts abwechselnd) mit Hand und Fuß zusammenzubringen
4. Wirbelsäule, Rücken: gestreckt auf dem Boden liegend wird versucht, sich um die eigene Längsachse zu drehen, ohne dass Arme und Beine den Boden berühren
5. Hüfte, Beinrückseite: beide Beine werden abwechselnd gestreckt über einen Kasten gebracht
6. Adduktoren: Füße werden in die Ringe gestellt, die Arme halten sich am Seil fest und man dehnt die Adduktoren längs und seitlich

Ergänzende Ausdauersportarten

Rudern fördert zwar in hervorragendem Maße alle Formen der Ausdauer, dennoch ist zu einer Ergänzung der Trainingsformen mit Hilfe weiterer Ausdauersportarten – vor allem für das Konditionstraining der Freizeitruderer, im Grundlagentraining und Hochleistungstraining – zu raten, weil sie

- psychische Entspannung und Entlastung bringt
- bei geringer Intensität (Anpassung des vegetativen Nervensystems, Ökonomisierung des Herz-Kreislaufsystems und des Stoffwechsels) einen relativ großen Transfer ermöglicht
- das Fitnessprogramm erweitert und Abwechslung bietet
- eine Trainingsalternative bei schlechter Witterung (Wellen, Eis, Kälte) darstellt

Die Belastungsstrukturen (Intensitäten und Umfänge) entsprechen denen des Rudertrainings (vgl. Kap. „Training"). Zu beachten sind jedoch die unterschiedlichen Vor- und Nachteile.

Übersicht über ergänzende Ausdauersportarten

1. Ruderergometer, Windrad	
Übertragbarkeit:	sehr hoch
Intensitätsbereich (Empfehlung):	Kat. VI-III
Dauer (Empfehlung):	20-80 min
Vorteile:	genaue Dosierung
	entspricht fast der Wettkampfübung
	witterungsunabhängig
	gute Vergleichsmöglichkeiten
	Wettbewerbe
Nachteile:	größerer Raum nötig (Sauerstoff!)
	langweilig, nur mit Musik zu ertragen

2. Skilanglauf

Übertragbarkeit:	hoch
Intensitätsbereich:	Kat. VI-III
Dauer:	45 min – mehrere Stunden

Vorteile:
Ganzkörperbelastung
relativ gelenkschonend
gutes Trainingsmittel im Winterurlaub
es gibt Wettbewerbe für Nicht-Leistungs-
sportler
Ausübung in freier Natur
Wanderungen möglich

Nachteile:
Schnee und Loipe erforderlich
Anschaffungskosten für Gerät und
Bekleidung
witterungsabhängig
Bewegung muß meist neu erlernt werden

3. Rad fahren

Übertragbarkeit:	mittel
Intensität:	Kat. VI-IV
Dauer:	30 min – mehrere Stunden

Vorteile:
gelenkschonend
Touren möglich
kann sofort ohne großen Aufwand
(Anfahrten etc.) betrieben werden

Nachteile:
Straßenverkehr
Unfallgefahr
Ausrüstung

4. Schwimmen

Übertragbarkeit:	mittel
Intensität:	Kat. V-III
Dauer:	20-60 min

Vorteile:	Ganzkörperbelastung, gelenkschonend
	relativ hoher Kraftanteil, physikalische Reize

Nachteile:	Technische Fertigkeiten erforderlich
	Muskulatur ermüdet bei Ungeübten schnell
	Infektionsgefahren
	Überfüllte Schwimmhallen

5. Laufen

Übertragbarkeit:	mäßig bis mittel
Intensität:	Kat. IV-VI
Dauer:	15-90 min

Vorteile:	jederzeit und fast überall ausübbar
	Wettbewerbe für alle Könnensstufen
	unabhängig von Sportgerät

Nachteile:	Verletzungsgefahr, Gelenkschäden (Fuß- und Kniegelenk)

6. Ausdauercircuit

Übertragbarkeit:	mittel bis hoch (Übungen?)
Intensität:	Kat. IV-III
Dauer:	20-60 min

Vorteile:	Trainingsgruppen sind gut beobachtbar
	witterungsunabhängig, durch Übungsauswahl sind
	Schwerpunkte für die Muskelgruppen zu setzen

Nachteile:	Dosierung ist schwierig
	eher nur für intensives Ausdauertraining geeignet

7. Inline-Skating

Übertragbarkeit:	mittel
Intensität:	Kat. V-VI
Dauer:	15 min – mehrere Stunden
Vorteile:	relativ gelenkschonend
	lange Strecken möglich
Nachteil:	Verletzungsgefahr bei wenig Geübten
	Anschaffungskosten für Gerät und Ausrüstung
	nicht überall möglich

7. Regeneration

Nach jeder körperlichen Belastung benötigt der Ruderer entsprechende Erholungs- oder Regenerationszeiten. Die Regeneration wird im Wesentlichen beeinflusst von folgenden Faktoren:

• Trainingsalter
• Alter und Geschlecht der Sportler
• Art der Belastung (z.b. Kraftausdauer, Schnelligkeit)
• Inhalte der vorausgegangenen Trainingseinheiten
• Intensität und Umfang der Belastung
• Psychische Verfassung des Sportlers
• Ernährung, Lebensweise
• Einsatz (physio-)therapeutischer Maßnahmen
• Berufliche und soziale Belastungen

So kann z.B. in einer Trainingseinheit optimal belastet worden sein, einige Tage später empfindet man die gleiche (äußere) Belastung – z.B. aufgrund beruflicher Beanspruchungen – als zu stark. Werden zu häufig hohe Belastungen gesetzt oder werden die Regenerationszeiten zu kurz gewählt, kann ein *Übertraining* eintreten, d.h. die Leistungsfähigkeit des Ruderers geht merklich zurück. Ist die Regeneration noch nicht abgeschlossen, müssen die angesetzten Trainingseinheiten regenerativen Charakter haben.

In Abhängigkeit von den verschiedenen Trainingsbelastungen stellen sich die Regenerationszeiten folgendermaßen dar:

Belastungsart	schnelle Regeneration	langsame Regeneration
aerobe Ausdauer VI	–	–
aerobe Ausdauer V	–	12 Std.
aerobe Ausdauer IV	1,5 - 2 Std.	24 - 36
gemischt aerob-anaerob	2 - 3	24 - 28
anaerob-lactazid	2 - 3	48 - 72
anaerob-alactazid	2 - 3	-
Maximalkraft	2 - 3	72 - 84

Im Erholungsprozess unterscheidet man eine schnelle und eine langsame Regeneration. Die schnelle benötigt ca. 1,5-5 Stunden. In dieser Zeit wird die Übersäuerung der Muskulatur beseitigt, der Flüssigkeits- bzw. Mineralstoffhaushalt wieder in Ordnung gebracht und der größte Teil der Glykogenspeicher aufgefüllt.

Erst die langsame Regeneration füllt die Glykogenspeicher wieder vollständig auf (Dauer bis zu 3 Tagen). Insbesondere bei Jugendlichen benötigt das vegetative Nervensystem zur vollständigen Wiederherstellung meistens mehr als 3 bis 4 Tage.

Maßnahmen, die eine Regeneration unterstützen können, sind:

1. Ernährung
   - Genussmittel reduzieren (z.B. Koffein)
   - Alkoholkonsum verringern, besser absetzen
   - Vitaminreiche Kost
   - Gemüse und Früchte bevorzugen

2. Physikalische und klimatische Maßnahmen
   - Massagen
   - Bäder
   - Im Freien schwimmen
   - Klimawechsel (Wald, Mittelgebirge)

3. Entspannung
   - Schlaf
   - Sportgerechte Lebensweise
   - Sportfreundliche Umgebung

Die aufgeführten Maßnahmen gehören im Leistungssport prinzipiell zum Training der Ruderer. Vom Trainingsaufbau bzw. der Trainingsmethodik her kann man auch einiges zur schnelleren Regeneration der Ruderer beitragen. Dies betrifft die Aufeinanderfolge von Trainingseinheiten in Abhängigkeit von den vorrangig in Anspruch genommenen Energiebereitstellungswegen:

Nach	alactaziden Belastungen (I)	lactaziden Belastungen (II; III)	intensiv-aeroben Belastungen (IV)	extensiv-aeroben Belastungen (V; VI)
empfehlen sich				
alactazide Belast.	–	–	+	++
lactazide Belast.	–	–	–	++
intensiv-aerobe Belast.	+	–	–	+
extensiv-aerobe Belast.	++	++	++	–
Erklärungen:	– vermeiden		+ möglich	++ sinnvoll

Tab. 25

3. TEIL: ANWENDUNGSBEREICHE
Rudern: Fitness und Wohlbefinden

Der Begriff *Fitness* taucht heutzutage in vielen Zusammenhängen auf. Neben den körperlichen und motorischen Dimensionen spielen dabei auch psychische und soziale Komponenten eine Rolle. Der einzelne setzt – je nach Wertvorstellung und Motivation – für sich Schwerpunkte.

In der Regel bietet der Sport allgemein auch immer mehrere Möglichkeiten, sich fit zu machen oder zu halten. Wenngleich im Rudern jede Dimension oder Komponente auch für sich entwickelt werden kann, so sind sie gerade in dieser Sportart in besonderem Maße miteinander verknüpft. Betrachtet man zunächst alle Dimensionen der Fitness gleichwertig, so ergeben sich folgende „Konzepte":

1. Fitness als Prävention von Krankheiten und als Verzögerung von Alterungsprozessen: Gesundheit
2. Fitness als Erhaltung oder Steigerung der körperlichen Leistungsfähigkeit: Kondition
3. Fitness als körperliche und seelische Erholung, Selbstverwirklichung durch Freude, Lust, Anstrengung und Entspannung bei sportlichen Bewegungen: Wohlbefinden
4. Fitness als gelungener Kontakt mit der Umwelt, als Anerkennung durch andere und Kooperation mit anderen: Geselligkeit

1. Rudern und Gesundheit

Die Bedeutung der körperlichen Bewegung für eine positive Entwicklung des Körpers, sein Wohlbefinden und seine Gesundheit ist unumstritten.

Da der Mensch durch seine hochtechnisierte Umwelt immer mehr Gefahr läuft, dass sich körperliche Eigenschaften (z.B. Kraft, Ausdauer und Beweglichkeit) immer mehr zurückbilden, muss er sich Bewegung und körperliche Belastung als Ausgleich suchen. Bewegungsmangelerscheinungen in modernen Gesellschaften zeigen sich dabei vorrangig in den weit verbreiteten

- Herz-Kreislauf-Erkrankungen
- Erkrankungen und Störungen des vegetativen Nervensystems
- Haltungsschwächen und -schäden
- Formen des Übergewichts.

Um einer Degeneration vorzubeugen, benötigt der Körper bestimmte Reize: Wer sich körperlich nicht belastet, schwächt sich langfristig umso nachhaltiger und leidet früher oder später unter Zivilisationsschäden. Da diese Reize im (Berufs-) Alltag kaum mehr in hinreichendem Maße auftreten, muss der Körper sie in seiner Freizeit, im Sport setzen.

Eine freizeitsportliche Aktivität wie das Rudern liefert einen Beitrag zur Vorbeugung (Prävention) von Bewegungsmangelerscheinungen und damit zur Gesundheit des Einzelnen, z.B.:

- präventiv gegen Herz-Kreislauf-Schäden durch aerobe Ausdauerbeanspruchungen (Grundlagenausdauer)

- präventiv gegen mangelnde Umstellungsfähigkeit des vegetativen Nervensystems, wie z.B. durch den Wechsel dosierter Belastungsformen, dem Rudern in freier Natur zu jeder Jahreszeit und bei fast jedem Wetter

- präventiv gegen Muskelschwund und Haltungsschäden durch die muskuläre Beanspruchung im Rudern; alle großen Muskelgruppen werden im Bewegungsablauf eingesetzt und gefordert, insbesondere die Rumpf- und Oberkörpermuskulatur

- präventiv gegen nachlassende Beweglichkeit und Verspannungen durch die Dehnung und Bewegung der Wirbelsäule und des Schulterbereichs

- präventiv gegen Übergewicht durch den im Rudern besonders hohen und dosierbaren Kalorienverbrauch.

Der besondere Vorteil des Ruderns als *Gesundheitssport* liegt also darin, dass er eine gleichmäßige Belastung und Entwicklung aller Organe bewirkt und zudem ein sehr geringes Verletzungsrisiko birgt.

2. Rudern und Kondition

Das Ziel, einen allgemein guten konditionellen Zustand zu erreichen, um damit den Alltagsanforderungen (z.B. Beruf) leichter begegnen zu können oder die körperliche Leistungsfähigkeit für weitere, sportliche Freizeitaktivitäten zu steigern, kann ebenfalls durch Rudern in hervorragender Weise verwirklicht werden.

Eine gute allgemeine Kondition ist gekennzeichnet durch den hohen, gleichmäßigen Entwicklungsstand aller Komponenten der Kondition (Kraft, Ausdauer, Schnelligkeit, Beweglichkeit). Das Training dieser Fähigkeiten verläuft nach den Gesetzmäßigkeiten der biologischen Anpassung zur Verbesserung oder Erhaltung des physischen Leistungszustandes. Rudern, betrieben unter Beachtung dieser Gesetzmäßigkeiten, eignet sich deshalb ganz besonders als Konditionstraining, weil es

- die allgemeine und spezielle Steigerung der einzelnen Komponenten fördert (Kraft, Ausdauer, Schnelligkeit, Beweglichkeit)

- die Widerstandsfähigkeit der Muskulatur gegen Verletzungen steigert

- zur Vorbeugung gegen Erkrankungen der Organsysteme geeignet ist

- hilft, allgemeine und spezielle koordinative Fähigkeiten (Gewandtheit, Geschicklichkeit, Muskelsteuerungsfähigkeit) zu fördern.

3. Rudern und Wohlbefinden

Rudern vermittelt unmittelbare körperliche Erfahrungen: Anstrengung – bis an die Grenzen der individuellen Belastbarkeit, z.B. in einem Ruderrennen –, Ermüdung nach einer langen Tagesetappe auf einer Wanderfahrt, Entspannung und Erholung in der Natur.

Ohne die Erfahrung, sich körperlich stark belastet zu haben, ist es schwer, sich im Sport auch zu entspannen und zu erholen. Notwendig erscheint dabei eine gewisse Regelmäßigkeit und ein bestimmtes Fertigkeitsniveau; erst eine gewisse Regelmäßigkeit und vielmalige Erfahrungen fördern die Freude und Lust am Rudern.

Diese Art von Fitness zielt über physische und gesundheitliche Absichten hinaus in den Bereich der Selbsterkennung und -verwirklichung, der einem erst in seinen Auswirkungen bewusst wird, wenn man sie selbst erfahren hat.

4. Rudern und Geselligkeit

Rudern ist ein Mannschaftssport und damit in hohem Maße ein geselliger Sport: Neben der Ausübung in Mannschaften ist Rudern in besonderer Weise mit dem Vereinswesen verbunden. Geselligkeit als eine Art „soziale Fitness" lebt von Kontakten des Einzelnen mit der sozialen Umwelt, von der Anerkennung durch andere und der Kooperation mit anderen.

- Rudern in festen Mannschaften oder Gruppen entwickelt und vermittelt ein Zusammengehörigkeitsgefühl; man ist in hohem Maße darauf angewiesen, mit anderen in Kontakt zu treten und sich zu arrangieren.

- Geselligkeit gibt es auch während des Ruderns; in einem Boot sitzend, können – während alle das Gleiche tun – gemeinschaftliche Erfahrungen gemacht werden.

- Rudern bietet vielerlei Anlass für Geselligkeit, seien es traditionelle Veranstaltungen des Vereins (Bootstaufen, Ruderbälle etc.) oder begrenzte und weniger formalisierte Kommunikationsformen wie Stammtische, Treffs usw.

Fitness-Training kann also viele Ziele und Schwerpunkte verfolgen. Ein gutes Fitnesstraining allerdings – und dies gilt für alle Fitnesskonzepte, mit welcher Intensität sie auch verfolgt werden – soll kein „Müssen" sein, sondern in erster Linie Spaß machen. Wenn man diese einzelnen Konzepte miteinander verbindet, werden sie erst voll wirksam. Rudern verbindet alle vier Konzepte in hervorragender Weise, allerdings sollten dazu einige Hinweise beachtet werden.

5. Ärztliche Kontrolle und Vernunft

Jeder, der sich zu einem Fitnessprogramm – egal mit welchen Umfängen oder Intensitäten – entschlossen hat, sollte sich vorher einer gründlichen ärztlichen Untersuchung unterziehen, um die Gewähr zu haben, dass keine Erkrankung vorliegt, die entsprechende Belastungen verbietet. Auch die Ruderer, die Jahre zuvor noch hervorragende Leistungen in Rennen vollbracht haben, dann aus beruflichen oder anderen Gründen einige Jahre, z.T. Jahrzehnte, aussetzen mussten, sollten sich davor hüten, mit den Belastungen dort wieder einzusteigen, wo sie aufgehört haben. Sie haben zwar den Vorteil, dass sie die Rudertechnik noch beherrschen, physiologisch jedoch hat sich ihr Leistungsstand längst zurückgebildet. Dieser Personenkreis läuft große Gefahr, zu schnell wieder mit zu intensiven Belastungen zu rudern.

Aus organisatorischen Gründen wird man im Rudern immer eine längere Zeit auf dem Wasser sein – in der Regel kann man von Übungseinheiten mit einer Dauer von 60-70 Minuten ausgehen. Umso wichtiger ist bei dieser Dauer, dass man die Übungsintensität angemessen wählt und sich nicht scheut, Pausen zu machen.

Rudern als idealer Lifetimesport bietet für alle Altersgruppen Möglichkeiten zur Verbesserung oder Erhaltung der Fitness. Der Höhepunkt menschlicher Leistungsfähigkeit im Sport liegt in der Regel vor dem 30. Lebensjahr. Danach beginnt zwar die altersbedingte Abnahme, doch lässt sich ein einmal erreichtes Niveau länger halten bzw. die Leistungsabnahme hinauszögern, wenn bestimmte Hinweise beachtet werden:
Über der Altersgrenze von 40 Jahren setzt im allgemeinen der entscheidende Knick in der Leistungsfähigkeit ein. Nicht nur für Personen, die regelmäßig Sport betrieben haben, sondern auch für Nichtsportler und Ruderanfänger hat ein Rudertraining vorbeugende Wirkung gegen den physiologischen Leistungsabfall und eine günstige Wirkung auf die Leistungsbreite des Organsystems.

In der Altersstufe über 50 Jahre dient das Rudern in erster Linie zur Erhaltung der Leistungsfähigkeit und Gesundheit. Durch ein allgemeines aerobes Ausdauertraining wird der altersbedingte Rückgang der aeroben Kapazität oft erheblich verzögert; mit Ausnahme der Lungenfunktion (lediglich durch Ökonomisierung der Atmung) lassen sich Kreislauf und Stoffwechsel noch verbessern.

Wenn man vorher schon lange und regelmäßig gerudert hat, kann man auch jenseits des 60. Lebensjahres seine Leistungsfähigkeit erhalten, wenn folgende Hinweise beachtet werden:

1. Keine maximalen Leistungen im höheren Alter

2. Bei Arteriosklerose und hohem Blutdruck sind Pressungen nicht ganz ungefährlich. Von größeren Krafteinsätzen ist abzuraten

3. Ohne große Anstrengungsunterschiede (Krafteinsätze und Intensitätsschwankungen) kontinuierlich rudern

Diese Hinweise erfüllen nicht nur als gesundheitliche Ratschläge im Alterstraining ihren Zweck, sondern unterstützen auch das Rudern in der Freizeit mit alters-, geschlechts- und leistungsheterogenen Gruppierungen.

6. Wettkampfformen für den Freizeitruderer

Regatten

Die Abänderungen der klassischen Ruderstrecke von 2.000 m nach unten (500 m, 1.000 m, 1.500 m) und nach oben (Langstreckenrennen zwischen 4 km und 150 km) zeigen, dass man den Wünschen verschiedener Leistungsebenen und -klassen nach organisierten Wettbewerbsformen Rechnung tragen möchte.

Die meisten Regatten des Deutschen Ruderverbandes bieten nicht mehr die klassische Strecke von 2.000 m an, und die Spitzenruderer oder Kaderathleten sind somit auch nur in geringer Anzahl vertreten. Damit eröffnen sich vielen Rennruderinteressierten, die keinen Hochleistungssport treiben, zahlreiche Möglichkeiten, sich einzeln oder in Mannschaften zu messen.

Ruderrallye und Orientierungsrudern

Für den Breitensportler gedacht sind die von HELD/KREISS entwickelte Ruderrallye und das Orientierungsrudern, die beide spielerische und wettkampftypische Merkmale aufweisen und für bestimmte Ruderreviere, wie z.B. einen See, sehr gut geeignet sind:

Die Ruderrallye

Die Mannschaften erhalten Fotos oder Beschreibungen von bestimmten Stellen (Orte, Bauten, Landschaften) und werden in bestimmten Abständen „gestartet", um diese Stellen zu suchen. Im Ziel wird die Anzahl der richtig erkannten Stellen gewertet.

Das Orientierungsrudern

Ähnlich wie beim Orientierungslauf müssen die Mannschaften mit Hilfe einer Landkarte die an den Ufern versteckten Kontrollpunkte „anrudern". An diesen Kontrollstellen warten dann verschiedene Aufgaben, die gemeinsam oder einzeln zu lösen sind.

Die Reihenfolge im Anlaufen der Kontrollstellen kann von den Mannschaften selbst gewählt werden. Gewertet wird die Lösung der Aufgaben und die Gesamtzeit.

Volks- und Marathonrudern

In dieser von einzelnen Vereinen für andere, benachbarte Vereine veranstalteten Form können Ruderer und Mannschaften ihre Leistungsziele nach eigenem Geschmack und Leistungsvermögen setzen:

Ohne Zeitnahme bieten die Veranstalter Gold- (30 km), Silber- (20 km) oder Bronzemedaillen (10 km) an, die oft auch in beliebigen Bootsgattungen und Mannschaftszusammensetzungen errudert werden können. Neben diesen sportlichen Betätigungen bietet sich auch der „gesellige" Austausch mit Mitgliedern und Gleichgesinnten anderer Rudervereine.

Fahrtenabzeichen

Für entsprechende Fahrtennachweise, die als km-Leistung im Fahrtenbuch des Vereins vermerkt sind, vergibt der Deutsche Ruderverband das *Fahrtenabzeichen* und das *Jugendfahrtenabzeichen*. Die Anforderungen, die auch die Teilnahme an einer Ruderwanderfahrt beinhalten, können im Verlauf eines ganzen Jahres erfüllt werden und sind nach Altersstufen und Geschlecht gestaffelt (vgl. Anhang, S 187ff.).

Langstreckenrennen

Zunehmender Beliebtheit erfreuen sich auch Langstreckenwettbewerbe, die – ursprünglich für Leistungsruderer gedacht – immer mehr Anklang bei Freizeitruderern und Masters finden. Das liegt vor allem daran, dass diese Rennen in Rennbooten, vielfach als Skiff-Rennen, aber auch im Mannschaftsboot durchgeführt werden.

Ergometerwettbewerbe (Indoor-Rudern)

Einen enormen Zulauf erfahren die Ergometerwettbewerbe, in denen als Alternative zur Rennsaison zahlreiche Veranstaltungen für alle Alters- und Leistungsklassen im Winter und mittlerweile sogar auch Deutsche Meisterschaften angeboten werden.

Die technische Entwicklung der Geräte ist weiter fortgeschritten und die Ergometer für den täglichen Trainingsbetrieb sind relativ preiswert geworden. Dies führte dazu, daß nicht nur in den Vereinen vielfach mehrere Trainingsgeräte zur Verfügung stehen, sondern viele Rudersportler sich ihren „Ergo" auch privat als „Heimtrainer" zugelegt haben.

Die gute Vergleichbarkeit und Meßbarkeit der Leistungen unter den Ruderern macht diese Ergometer nicht nur als leistungsphysiologisches Testgerät im Spitzenrudern interessant, sondern gibt auch dem Freizeitruderer in allen Leistungsklassen objektive Hinweise für seine physiologische Entwicklung.

Der Rudertriathlon

Große Resonanz erfährt die ruderische Abwandlung einer immer beliebter werdenden „Sportart": der Rudertriathlon.

Anstelle der Disziplin Schwimmen innerhalb des Triathlons wird das Rudern in vielen Varianten eingefügt. Entsprechend den Vorstellungen der Veranstalter, dem Leistungsvermögen und dem Alter der Teilnehmer betragen die Gesamtstrecken zwischen 120 km bis 20 km, die sich auf die Teildisziplinen wie folgt aufteilen können:

    a. Rudern: 20-10 km (untere Grenze 4,5 km)
    b. Radfahren: 80-25 km (untere Grenze 10,5 km)
    c. Laufen: 20-5 km

Einen besonderen Reiz erhält ein Rudertriathlon als Mannschaftswettbewerb. Als Mannschaftsleistung sind folgende Möglichkeiten denkbar:

- Nach dem Rudern in der Mannschaft werden auch das Radfahren und das Laufen als Mannschaft „geschlossen" durchgeführt; der Rudertriathlon als echte Mannschaftsleistung!

- Nach dem Mannschaftsrudern wird in den anderen Disziplinen jeweils der 4. (von 5) jeder Mannschaft mit seiner Zeit gewertet.

- Es werden die Einzelleistungen aller als Mannschaft gewerteten Ruderer addiert.

- Triathlon in einer Zweier-Mannschaft: Rudern im Zweier ohne Steuermann, Tandemrad fahren, und als „Seilschaft" laufen.

Es bleibt zu hoffen, dass sich diese junge Form des Wettkampfes im Rudern in den verschiedensten Variationen weiter verbreitet und ein Angebot für alle Alters- und Leistungsklassen darstellt.

Wanderrudern

Eine spezielle Ausprägungsform des Ruderns als Breitensport ist das Wanderrudern. Das Wanderrudern blickt auf eine sehr alte Tradition zurück und macht gerade heutzutage einen der zentralen Bestandteile des Rudersports und seiner Reize aus.

Die Freude an der Natur, am Befahren einheimischer und fremder Gewässer und an Ausfahrten in geselligen Gruppen ist verbunden mit gewissen körperlichen Voraussetzungen, damit Tagesetappen von 30-50 km oder mehr bewältigt werden können. Ausmaß und Spezifik der körperlichen Voraussetzungen richtet sich dabei nach der Länge und der Qualität einer Tages- und Gesamtstrecke.

1. Formen von Wanderfahrten

Eine Möglichkeit, Wanderfahrten zu unterscheiden, ist die nach ihrer Dauer.
So führt eine *Tagesfahrt* zu einem Zielpunkt, von dem aus man wieder zum Heimatverein zurückrudert oder sich von Vereinskameraden abholen lässt, die mit

Hilfe des Bootshängers den Rücktransport übernehmen. Diese auf eine Streckenlänge von ca. 25-60 km angelegten Tagesfahrten können mehrere Aufgaben erfüllen:

• Vereinsausflug zu einem Nachbarverein
• Stabilisierung der Rudertechnik für fortgeschrittene Anfänger
• Gewöhnung an und Vorbereitung auf längere Strecken, z.b. Mehrtagesfahrten
• Familienausflug

Eine weitere beliebte Form der Wanderfahrt ist die *Wochenendfahrt*. Über 2 oder 3 Tage und eine Strecke von ca. 50-80 km (bei entsprechenden Tagesetappen) bedarf es schon der höheren Belastungsverträglichkeit. Sie setzt längere Übungsfahrten oder sogar mehrere Tagesfahrten voraus.

Neben der stabilisierten Technik und einer hinreichenden Kondition sollte das Steuern beherrscht werden. Ihren besonderen Reiz haben solche Fahrten für Jugendliche, da „auswärts" übernachtet werden muss.

Die attraktivste Form der Ruderwanderfahrt ist die *Urlaubs-* oder *Wanderfahrt*. Sie kann mehrere Tage bis mehrere Wochen dauern und erfordert eine gründliche Vorbereitung und auch einen erfahrenen Leiter. Seitens der Teilnehmer werden in diesem Fall der sichere Umgang mit dem Gerät und spezifischen Situationen verlangt.
Eine mehrtägige Wanderfahrt erfordert zudem spezielle Ausdauerfähigkeiten und eine psychische Belastbarkeit. Sie setzt im allgemeinen mehrere Tagesfahrten und konditionelle Vorbereitungen voraus. Auf sehr langen Wanderfahrten (ab 7-10 Tagen) ist die Planung von Reservezeiten oder Ruhetagen sinnvoll.

Die Aufgaben solcher Fahrten sind so vielfältig wie die Bedürfnisse der Teilnehmer: So möchte der eine Gesundheit und Erholung in freier Natur, ein anderer Geselligkeit und Kultur, ein Dritter möchte seine 2.000-Jahreskilometer erreichen, ein Vierter wiederum geht auf Entdeckungsreise, um über einen kaum oder noch nicht befahrenen Fluss berichten zu können. Für einige wenige werden Wanderfahrten auch zu einer Art Wettkampfsport; Sie sind stolz, in ein paar Tagen von Basel nach Köln gerudert zu sein. Sicherlich lässt sich eine Ruderwanderfahrt auch mit anderen sportlichen Tätigkeiten verknüpfen. Immer beliebter – insbesondere bei Jüngeren – ist die Kombination rudern – Rad fahren (Tourenrad, Mountainbike). Reizvoll erscheint dabei der Wechsel der Perspektive; man sieht und erlebt die Landschaft aus einer anderen Sicht. Die Kombination der Sportarten lässt neben der parallelen Durchführung auch die ergänzende Radtour zu. Anstatt neben den Booten herzuradeln, läßt sich auch die Landschaft rund um einen Etappen- oder Zielort der Ruderwanderfahrt erkunden. Dabei lassen sich die Interessen verschiedener Alters- und Leistungsgruppen durchaus in Einklang bringen.

2. Vorbereitung einer Wanderfahrt

Der erste Planungsschritt zur Vorbereitung einer Ruderwanderfahrt ist die Klärung, welche persönlichen Vorstellungen und Bedürfnisse der Teilnehmer vorliegen, damit die Planung und Durchführung erfolgreich verlaufen kann. Ruderwanderfahrten bedürfen sehr langfristiger Vorbereitungen, insbesondere dann, wenn man in organisatorischen Fragen (Boote, Transport, Unterkunft, unbekanntes Gewässer) auf fremde Hilfe und Informationen angewiesen ist. Folgende Punkte sind in der Planung zu berücksichtigen:

Zusammensetzung der Gruppe und Zielsetzungen der Teilnehmer

Gruppe homogen
- Jugendliche
- Alte Herren
- Damenwanderfahrt
- ehemalige Rennruderer

Gruppe heterogen
- Frauen und Männer
- Altersstruktur
- unterschiedliches Leistungsniveau

wichtig in bezug auf:
- Art und Kosten für Unterkunft und Verpflegung
- Streckenlänge und -qualität (Risiko)
- kulturelles Angebot
- Bedeutung der Naturschönheit
- Transportmöglichkeiten der Teilnehmer und Boote
- Versicherungs-, Aufsichts- und Rechtsfragen

Informationsquellen

Erfahrungsaustausch	• unter Wanderruderern • zwischen den Vereinen
Literatur	• Ruderalmanach des DRV • Handbuch für Wanderruderer • Berichte in Fachzeitschriften • Reiseliteratur
Adressen	• Vereine (Kanusport, Rudern) • Verbände • Wasserwirtschaftsämter
Materialien	• Prospekte und Unterlagen von Verkehrsvereinen • Landkarten • Bekanntmachungen des Verbandes

Streckenauswahl

Dauer der Wanderfahrt	• Dauer der An- und Abreise • Mannschaftstransport • Schwierigkeitsgrad der Strecke • Jahreszeit • Urlaubs- und Feriendauer
Qualität der Strecke	• landschaftliche Schönheit • Schiffsverkehr, Schleusen • kulturelle Gegebenheiten • Übernachtungsmöglichkeit • Wasserverhältnisse
Organisation	• Vereins- oder Leihboote (Kosten) • Bootstransport • Etappeneinteilung • Begleitfahrzeug

Ausrüstung

Boote	• Eignung für spezielle Strecken • Eignung für Teilnehmer (Gewicht) • Skull- und/oder Riemenboote

Zubehör	• Bodenbretter • Steuer • Flagge • Bootshaken • Reservedollen und -leinen • Schwimmwesten • Reparaturwerkzeug, Ersatzteile • Apotheke, Verbandskasten
Persönliche Ausrüstung	• hinreichend viele Trikots und Ruderhosen, Badehose, Trainingsanzug, Regenschutz • Schlafsack, Iso-Matte • Kulturbeutel, Toilettenpapier • Sonnenschutz (Hut, Mütze), Creme • Brustbeutel, Geld, Ausweis • Führer, Karten, Taschenlampe • Fotoapparat

Versicherung

Durch den Teilnehmer	• Krankheit, Unfall, Haftpflicht • Reisegepäck?
Durch den Verein	• Bootstransport • Haftpflicht (ausgeliehene Boote, andere Wassersportler)

Sonstiges

- Schifffahrtsrecht auf dem zu befahrenden Gewässer
- Schleusen (Abstände und Funktionsweise, Öffnungszeiten)
- Vereine, Übernachtungsmöglichkeiten
- Einverständniserklärung der Eltern bei Jugendlichen
- Information der Teilnehmer über das Gewässer und die erforderlichen Fähigkeiten und Fertigkeiten
- Nachbereitung einer Wanderfahrt: Materialrückgabe, Abrechnung, Nachtreffen

3. Durchführung von Wanderfahrten

Mannschaftseinteilung und Handgepäck

Der Fahrtenleiter bestimmt einen verantwortlichen Ruderer für jedes Boot und achtet darauf, dass alle Boote leistungsmäßig etwa gleichmäßig besetzt sind, damit die Abstände während einer Etappe nicht allzu groß werden bzw. die Wartezeit sich in Grenzen hält.

Die Teilnehmer sind darauf hinzuweisen, dass sie ihr Handgepäck mit an ihren Ruderplatz nehmen. So verhindert man das Durchwühlen des gut verstauten und gleichmäßig verteilten Gepäcks im Bug und Heck des Bootes. Zum Handgepäck, das an den Querlagern festgebunden sein sollte, gehören neben der Fahrtverpflegung der Sonnen- und Regenschutz, der Fotoapparat, der Flussführer, Ausweis und etwas Geld.

Verhalten in Schleusen

Die Funktionsweise von Schleusen sollte den Teilnehmern vorab erklärt worden sein. Schleusen bedeuten immer eine Gefahr für Mensch und Material, deshalb ist größte Vorsicht und Disziplin geboten. Ein Bootshaken ist unbedingte Voraussetzung für jedes Boot, besser sind zwei pro Boot. In *Bootsschleusen* lässt man sich hineintreiben, die Skulls oder Riemen sind lang, werden aber mit den Händen festgehalten. An den Schleusenwänden befinden sich Markierungen, die den Benutzern anzeigen, in welchen Bereichen das Boot zu halten ist. Bei der Talschleusung sollte das Boot immer am Heck, wenn möglich an Bug und Heck, an der dafür vorgesehenen Leiter gehalten werden, während bei der Bergschleusung das Boot am Bug gehalten wird. Äußerste Vorsicht ist geboten, damit kein Ausleger in den Ausbuchtungen der Schleusenwand hängen bleibt. Eine Sonderform der Bootsschleusen bilden jene, die mit einer Fischtreppe kombiniert sind. In diesen Schleusen fährt man – anders als in den ohne Fischtreppe – möglichst nahe an das untere Tor heran.

In den *Schiffsschleusen* ist darauf zu achten, dass Ruderboote immer hinter den Schiffen einfahren und hinter ihnen festmachen. In der Regel wird der Schleusenwärter ein Zeichen geben. Besondere Vorsicht ist gefordert, wenn das vor dem Ruderboot liegende Schiff nach der Schleusung wieder den Motor anwirft. Nicht selten wird das Ruderboot durch die Strudel hin und her geworfen und es spritzt Wasser in das Boot.

Barkenfahrt auf der Saar

Verhalten bei vollgeschlagenem Boot

Bereits die Wellen eines vorbeifahrenden Motorbootes oder rauherer Seegang können Ruderboote in eine schwierige Situation bringen. Über die Bordwand oder die Ausleger gelangt oftmals Wasser ins Boot. Wenn die durch Wind verursachten Wellen Schaumkronen bekommen, sollte die Fahrt abgebrochen bzw. die nächste Anlegemöglichkeit gesucht werden. Auch geringere Mengen an Wasser im Boot sind herauszuschöpfen, z.b. mit Hilfe von Platikbehältern oder Schwämmen.

Sollte ein Boot aufgrund starker Wind- oder Schiffswellen vollgeschlagen und ein Weiterrudern unmöglich sein, dann steigt die Mannschaft aus und schiebt das Boot schwimmend zum Ufer. Unumstößliche Forderung: Alle Mannschaftsmitglieder bleiben am Boot! Herumtreibende Gepäckstücke, die nicht im Boot befestigt waren, sollte man von den Mitgliedern der anderen Boote einsammeln lassen.

Das Anlegen an Uferstellen ohne Steg

Ein weiteres Problem ist das Anlegen an Uferstellen, die nicht zum Anlegen für Sport- und Ruderboote vorgesehen sind. Geeignete Anlegestellen sind flache, sandige Ufer, die man gegen den Strom anfährt. Im knietiefen Wasser steigt man aus und zieht das Boot aus dem Wasser, nachdem man es entladen hat. Bei einem längeren Aufenthalt ist es ratsam, das Boot an Land zu ziehen und kielunten in einer Wiese zu lagern. Gefährlich für Besatzung und Gerät ist das Anlegen an Spundwänden, die das Aussteigen der Teilnehmer und das Herausnehmen des Bootes sehr erschweren. Es ist letztlich eine Frage der Erfahrung und der Übung, die die Ausnutzung verschiedener Gegebenheiten beim Wanderrudern, z.B. beim Befahren stark strömender Flüsse, beim Anlegen an den verschiedensten Uferformen, beim Vortasten in sehr flachen, windungsreichen oder schmalen Flüssen, ermöglicht. Es spielt dabei auch die Abenteuerlust eine große Rolle, daneben die Erfahrung, körperliche Voraussetzungen, Geschicklichkeit und psychische Belastbarkeit.

4. Verhalten von Wassersportlern in der Natur

10 goldene Regeln für das Verhalten von Wassersportlern in der Natur

Jeder Ruderer sollte mithelfen, die Lebensmöglichkeiten von Pflanzenwelt und Tierwelt in Gewässern und Feuchtgebieten zu bewahren und zu fördern. Viel zu viele Pflanzen- und Tierarten sind bereits in ihrem Bestand gefährdet.

1. Meiden Sie das Einfahren in Röhrichtbestände, Schilfgürtel und in alle sonstigen dicht und unübersichtlich bewachsenen Uferpartien. Meiden Sie darüber hinaus Kies-, Sand- und Schlammbänke (Rast- ud Aufenthaltsplatz von Vögeln) sowie Ufergehölze. Meiden Sie auch seichte Gewässer (Laichgebiete), insbesondere solche mit Wasserpflanzen.

2. Halten Sie einen ausreichenden Mindestabstand zu Röhrichtbeständen, Schilfgürteln und anderen unübersichtlich bewachsenen Uferpartien sowie Ufergehölzen – auf breiten Flüssen beispielsweise 30 bis 50 Meter. Halten Sie einen ausreichenden Mindestabstand zu Vogelansammlungen auf dem Wasser – wenn möglich, mehr als 100 Meter.

3. Befolgen Sie unbedingt die geltenden Vorschriften. Häufig ist Wassersport in Naturschutzgebieten ganzjährig, zumindest zeitweise völlig untersagt oder nur unter ganz bestimmten Bedingungen möglich.

4. Nehmen Sie in „Feuchtgebieten von internationaler Bedeutung" besondere Rücksicht. Diese Gebiete dienen als Lebensstätte seltener Tier- und Pflanzenarten und sind daher besonders schutzwürdig.

5. Benutzen Sie beim Landen die dafür vorgesehenen Plätze oder solche Stellen, an denen kein sichtbarer Schaden angerichtet werden kann.

6. Nähern Sie sich von Land her nicht Schilfgürteln und der sonstigen dichten Ufervegetation, um nicht in den Lebensraum von Vögeln, Fischen, Kleintieren und Pflanzen einzudringen und diese zu gefährden.

7. Laufen Sie im Bereich der Watten keine Seehundbänke an, um die Tiere nicht zu vertreiben. Halten Sie mindestens 300 bis 500 m Abstand zu Seehundliegeplätzen und Vogelansammlungen und bleiben Sie hier auf jeden Fall in der Nähe des markierten Fahrwassers. Fahren Sie hier langsamer.

8. Beobachten und fotografieren Sie Tiere möglichst nur aus der Ferne.

9. Helfen Sie das Wasser sauberzuhalten. Abfälle gehören nicht ins Wasser, insbesondere nicht der Inhalt von Chemietoiletten. Diese Abfälle müssen genauso wie Altöle in bestehenden Sammelstellen der Häfen abgegeben werden. Benutzen Sie in Häfen ausschließlich die sanitären Anlagen an Land.

10. Machen Sie sich diese Regeln zu eigen, informieren Sie sich vor Ihren Fahrten über die für Ihr Fahrtgebiet geltenden Bestimmungen. Sorgen Sie dafür, dass diese Kenntnisse und Ihr eigenes vorbildliches Verhalten gegenüber der Umwelt auch an die Jugend und vor allem an die nicht organisierten Wassersportler weitergegeben werden.

5. Einige Gesundheitstips für Ruderwanderfahrten

Nachfolgende Hinweise gelten selbstverständlich auch für den allgemeinen Ruderbetrieb und den Leistungsruderer. Es sind hier nur die wenigen ruderspezifischen Verletzungen und Schäden aufgeführt.

Ausführliche Informationen zur „Ersten Hilfe bei Sportverletzungen" und Vorschläge für eine Reise-Apotheke finden sich im Handbuch für Wanderruderer des Deutschen Ruderverbandes.

Inhalt einer Fahrtenapotheke

- Wundschnellverband (Hansaplast), elastische Verbände (6 und 8 cm), Leukoplast, Dreieckstuch, Verbandsmull (2- bis 3-fach), Sicherheitsnadeln, flüssiges Hautdesinfektionsmittel
- Sportgel, Mittel gegen Insektenstiche, Vaseline, Wundsalbe und Wundpuder, Hirschtalg (gegen Blasenbildung an den Händen)
- Schere, Pinzette, sterile Lanzetten
- Papiertaschentücher, evtl. Fieberthermometer

Vorbeugung gesundheitlicher Schäden in wetterbedingten Situationen

Große Hitze und Sonneneinstrahlung
- Tragen einer Kopfbedeckung, eines weißen, langärmeligen Hemdes und einer Hose (lange Unterhose)
- Auftragen einer Sonnenschutzkreme mit hohem Lichtschutzfaktor (mind. 6, ähnlich wie in den Bergen und beim Skifahren)
- Viel trinken (Mineralwasser und Tee, kein Alkohol!)
- Ab und zu den ganzen Körper oder die Körperteile im Wasser kühlen

Große Kälte
Neben einer Kopfbedeckung (Skimütze) und einer Schwimmweste sollte der Ruderer einen Schal o.ä. zum Schutz des Nackens tragen. Rücken, insbesondere die Nierengegend, besonders warm halten durch lange Trikots aus Baumwolle. Gegen eiskalten Wind mit einem Windhemd schützen.

Starker Regen
Kopf, Nacken und Rücken schützen. Wenn man völlig durchnässt ist: Kleidung auswringen und wieder anziehen. Erst an Land trockene Kleidung anziehen. Besser: Anlegen und Regenschauer abwarten.

Rudern im Winter
Neben der geringen Lufttemperatur kann auch das Wasser sehr kalt sein. Für das Rudern im Winter und bei sehr niedrigen Temperaturen sind folgende Regeln – neben den Kleidungsempfehlungen bei großer Kälte – zu beachten:

- Nie allein rudern, möglichst in Mannschaftsbooten; Trainingsruderer immer in Motorbootbegleitung des Trainers.
- Möglichst in der Nähe des Ufers rudern, damit man im Falle des Kenterns schnell an Land kommt.

Verletzung	Maßnahmen	Vorbeugung
Blasen (an Händen und Füßen)	Blutblasen nur mit sterilen Lancetten öffnen, abtupfen mit Papiertaschentuch, Bestreichen mit flüssigem Hautdesinfektionsmittel, evtl. Wundpuder auftragen und Verband	Öfter rudern als Fahrtvorbereitung Hirschtalg, Tapen (hält nur kurz)
Wund gerudert	Sauber waschen, Wundpuder, dann Wundsalbe auftragen	Gut sitzende, keine verschwitzte Kleidung (Versalzung), frische, saubere Kleidung
Insektenstiche	Kühlen und mit Mittel gegen Insektenstiche einreiben	
Riss- und Schürfwunden	*Kleine Verletzungen:* nach Blutstillung abtupfen, Wunde desinfizieren, Pflaster *Größere Wunden:* Druckverband anlegen, Arzt aufsuchen, nicht mit Wasser auswaschen!	Tetanus
Hitzschlag, Kreislaufkollaps	Beine hoch lagern, Schatten aufsuchen und kühlen. Bei länger anhaltender Bewusstlosigkeit Arzt aufsuchen	Sonnenschutz, Flüssigkeit aufnehmen, Hitze meiden
Wadenkrampf	Musuklatur passiv dehnen und dann lockern, leichte Massage	Flüssigkeit (Mineralwasser, Elektrolyte), evtl. Bootseinstellung überprüfen

Verletzung	Maßnahmen	Vorbeugung
Auskühlung	Schnelle Erwärmung durch Vollbad; bei leichteren Formen längere Zeit heiß duschen. Kein Alkohol!	
Furunkel	Furunkel nicht berühren, Schutzverband anlegen und die Innenseite mit Borsalbe bestreichen	Saubere Sportbekleidung
Holzsplitter in der Haut	Sichtbare Teile mit Pinzette entfernen, Schutzverband; bei größeren Splittern Arzt zu Rate ziehen	Tetanus

Tab. 26: Behandlung und Vorbeugung von Verletzungen

Grundlagentraining

1. Allgemeine Prinzipien des Grundlagentrainings im Rudern

Mit dem Grundlagentraining wird ein bestimmter Zeitraum des Gesamttrainings-prozesses bezeichnet; er umfasst im Rudern etwa die Altersstufe von 14-18 Jahren. Gemeinsam mit einem allgemeinen Konditions- und Fitnesstraining hat das Grundlagentraining im Rudern:
- die vielseitigen und vielfältigen Bewegungs- und Belastungsanforderungen

- die ganzjährige Durchführung mit jahreszeitlich bedingten Schwerpunkten

- ein noch geringes Maß an Periodisierung sportlicher Leistungen und Belas-tungen.

Der Unterschied zum Fitness- und Konditionstraining besteht darin, dass das Grundlagentraining
- zeitlich begrenzt ist und im Rudern ca. 4 bis 5 Jahre umfasst

- leistungssportliche Ziele verfolgt und vorbereiten hilft

- psychische und physische Leistungsfaktoren sowie technisch-taktische Fähig-keiten am Hochleistungsbereich auszurichten versucht.

- Wettkämpfe zur Überprüfung und zum Sammeln von Wettkampferfahrung einsetzt.

Somit ist das Grundlagentraining ein Teil eines Gesamttrainingsprozesses, der je-doch in hohem Maße über die Erfolgswahrscheinlichkeit im Hochleistungssport befindet.

Nachfolgende Übersicht ordnet das Grundlagentraining in den Gesamttrainings-prozess ein und soll als Hilfestellung zur Erstellung langfristiger Pläne dienen. Die Kennziffern des Trainings (z.B. Zeit- und Kilometerumfänge, Anzahl der Regatten, Anzahl der Trainingseinheiten) sind dabei als Richtwerte aufzufassen. In den Trainingskennziffern nicht erfasst sind außerordentliche Maßnahmen, wie z.B. Trainingslager in den Ferien oder vor wichtigen Wettkämpfen (Tab. 27-29).

Systematischer Trainingsaufbau im Rudern					
Alter	9	10	11	12	13
Train.-Alter					
Anzahl TE/Wo	1-2		2-3	3	
Altersklasse		Kinderrudern			
Anzahl TE/Wo an Land im Sommer im Winter				2 1	
Anzahl TE/Wo im Boot im Sommer im Winter				2 1	
Ruder-km/Jahr		500-600		700-800	
Anzahl Regatten pro Jahr		4-6 Wettbewerbe 2-3 Wanderfahrten			
Anzahl Rennen pro Jahr					
km/TE			6-8	8-10	
Zeitaufwand/Wo in Stunden	2	3	3,5	4	

Tab. 27: Allgemeine motorische Grundausbildung

Besondere Merkmale der Altersklasse (Kinderrudern):
- Vermeidung eines allzu spezifischen Trainings (dies führt zwar zu einer sprunghaften Leistungsentwicklung, aber auch zu einer frühzeitigen Leistungsstagnation); im motorisch-technischen und im konditionellen Bereich sind vielseitige Belastungen zu setzen
- Keine allzu großen Trainingspensen (max. 3-mal pro Woche)

Systematischer Trainingsaufbau im Rudern					
Alter	14	15	16	17	18
Trainingsalter	1	2	3	4	5
Anzahl TE/Wo	4	4-6		5-6	6-7
Altersklasse		Ju B		Ju A	
Anzahl TE/Wo an Land im Sommer	1	2		4	
im Winter	3	4		2	
Anzahl TE/Wo im Boot im Sommer	3	4		2	
im Winter	1	2		5	
Ruder-km/Jahr	1.000	1.500		2.300	2.800
Anzahl Regatten pro Jahr	6	6		7	8
Anzahl Rennen pro Jahr		20		25	30
km/TE		10-12	12-15		15-18
Zeitaufwand/Wo	5-6	6-7		7	10-12

Tab. 28: Grundlagentraining

Systematischer Trainingsaufbau im Rudern								
Alter	19	20	21	22	23	24	25	26
Trainingsalter	6	7	8	9	10	11	12	13
Anzahl TE/Wo	6-8			7-9		9-12		
Altersklasse	Senior B				Senior A			
Anzahl TE/Wo an Land								
im Sommer	2			3		2-3		
im Winter	4			4		5		
Anzahl TE/Wo im Boot								
im Sommer	6			6-8		9-10		
im Winter	2			3-4		4-5		
Ruder-km/Jahr	3.200		3.500			4.500		
Anzahl Regatten pro Jahr	8-10			8-10		8-10		
Anzahl Rennen pro Jahr	25-30			30-35		30 und mehr		
Km/TE	6-20			18-20		20 und mehr		
Zeitaufwand/Wo	2-15			15-18		18 und mehr		

Tab. 29: Hochleistungstraining

- Nicht zu viele Wettkämpfe
- Übungsleiter und Trainer sollten sich als Bezugspersonen ausweisen und die Eigenständigkeit des Kindes fördern
- Spielräume für andere Freizeitbezüge außerhalb des Vereins schaffen

Dem Grundlagentraining geht eine *allgemeine motorische Grundausbildung* voraus, die zum Teil durch den Schulsport, zum Teil aber auch durch den Vereinssport abgedeckt werden muss. Ein allgemeines Bewegungs- und Belastungsangebot, das – entsprechend dem körperlichen und geistigen Entwicklungsstand des Kindes – den Organismus vielseitig fordert, bildet dabei ein gutes Fundament.

Das Grundlagentraining ist kein starres Konzept für den angegebenen Zeitraum. Es liegt auf einem Kontinuum zwischen allgemeiner motorischer Grundausbildung und spezialisiertem Hochleistungstraining. So wandelt sich in dieser Zeit vor allem das Verhältnis zwischen den Übungsformen, die allgemeinen und spezifischen Charakter haben, und solchen, die einen höheren Anteil ruderspezifischen Trainings im Boot haben.

Allgemein-entwickelnde Übungsformen

Inwieweit eine Körperübung oder eine Trainingsbelastung als *allgemein-entwickelnd* eingestuft werden kann, ist abhängig von der Bezugssportart. Für Ruderer beispielsweise sind Sportspiele, leichtathletische Disziplinen, Turnen, Gymnastik etc. allgemein-entwickelnd; diese Sportarten und Übungen haben nichts oder nur wenig mit der Bewegungs- und Belastungsstruktur des Ruderns gemein. Dennoch bildet ein hoher Entwicklungsstand in dieser allgemeinen motorischen Ausbildung ein hervorragendes Fundament, wenn es darum geht, die spezifischen Eigenschaften und Faktoren für das Rudern zu entwickeln. Daneben verbessert ein hoher Standard in diesem Bereich die Erholungsfähigkeit und vermindert die Verletzungsanfälligkeit.

Spezielle Übungsformen

Speziell sind Übungsformen dann, wenn sie die für das Rudern typischen physischen Eigenschaften, wie z.B. Ausdauer und Kraftausdauer, aber auch kinematische und dynamische Übereinstimmung mit dem Bewegungsablauf im Rudern aufweisen. Hier sind zuvorderst Übungen an Krafttrainingsgeräten zu nennen, die – in Teilbewegungen zerlegt – ruderähnliche Strukturen aufweisen: Ruderergometer, Bankziehen, Beinstoßen, Zugapparat etc.

Aber auch Übungen und Sportarten, die eine hohe Übertragbarkeit ihrer physischen Leistungsfaktoren gewährleisten, wie z.B. die aerobe Ausdauer beim Skilanglauf, Radfahren oder Laufen, könnte man im Grundlagentraining noch als spezielle Übungsformen ansehen.

Wettkampfübung

Damit ist die Ausübung in der Sportart selbst gemeint, das Rudern. Die Wettkampfübung ist nicht zu verwechseln mit dem wettkampfspezifischen Training, das im Besonderen das Training im Renntempo (oder knapp darunter und darüber) meint.

Die Aufgliederung für das Rudern hinsichtlich der beabsichtigten Trainingswirkungen erfolgt mit Hilfe der Belastungskategorien bzw. Intensitätsbereiche. Ob nun eine Übung *allgemein-entwickelnd, speziell* oder *Wettkampfübung* ist, ist abhängig vom Übertragungswert auf die sportliche Zielsetzung, z.B. ein Rennen über eine Strecke von 2.000 m schnell zu rudern. Auch diese Einteilung ist sehr analytisch: Man muss sich auch hier ein Kontinuum vorstellen, auf dem die Sportarten, Trainingsformen und -mittel aufgetragen werden, und zwar unter Berücksichtigung der geforderten Bewegungs- und Belastungsstruktur sowie der Leistungsentwicklung des einzelnen Athleten.

Allgemein gilt:
- Je niedriger das Trainingsalter,
- je niedriger das Alter des Sportlers überhaupt,
- je schlechter der Leistungsstand,
- je weiter entfernt wichtige Wettkämpfe,

umso bedeutsamer ist die Grundlegung und umso größer muss der Anteil der *allgemein-entwickelnden Übungen* sein.

Umgekehrt gilt:
- Je höher das Trainingsalter,
- je höher der Leistungsstand,
- je näher bedeutsame Wettkämpfe rücken,
- je besser die Rudertechnik,

umso größer muss der Anteil der Trainingsbelastungen im speziellen Bereich oder im Boot sein. Die Entwicklung spezieller Trainingsgeräte im Hochleistungsrudern (Ergometer, Windräder, Krafttrainingsgeräte) macht diese Forderung deutlich.

Während im Grundlagentraining das Verhältnis zwischen allgemein-speziellen Übungsformen und der Wettkampfübung noch ca. 60:40 beträgt, liegt dieses Verhältnis gegen Ende des Grundlagentrainings bei etwa 45:55, im Hochleistungsbereich zu Beginn bei etwa 40:60, im Extrem bei 25:75 (Abb. 21).

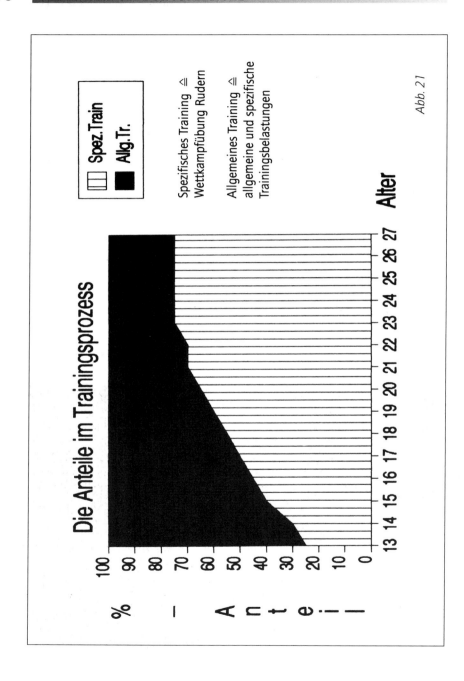

Abb. 21

2. Trainingsplanung im Grundlagentraining

Jahresübersicht

Am Beispiel eines Junior-B-Ruderers im 3. Trainingsjahr gibt folgende Übersicht Hinweise, wie man das Training aufbauen kann. Der Anteil der allgemeinen und speziellen Trainingsformen gegenüber der Wettkampfübung beträgt in diesem Beispiel etwa 55:45. Großer Wert wird auf die ganzjährige Berücksichtigung der *allgemeinen Konditionsschulung* und eine Beschränkung auf maximal sechs Trainingseinheiten pro Woche gelegt. Die *Belastungsintensität* der einzelnen Trainingsinhalte lässt sich nicht genau festschreiben, sie liegt

- bei der Grundlagenausdauer (GLA) zwischen Kat. V-IV
- beim Rudern „Technik" (Rudern T) bei Kat. VI
- beim Rudern Ausdauer (extensiv) bei Kat. V
- beim Rudern Ausdauer (intensiv) bei Kat. IV
- beim Rudern Kraftausdauer (Rudern KA) bei Kat. III
- beim Rudern wettkampfspezifisch (WK) bei Kat. II und I
- beim Krafttraining auf einer allgemeinen Kräftigung

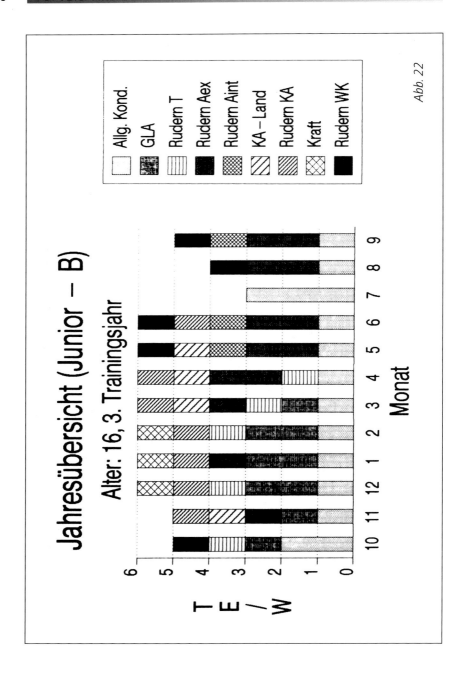

Abb. 22

Wochentag		Trainingsplan
Montag	Ziel: Dauer: Belastung: Inhalte:	Allgemeine Kondition ca. 70-80 min hoch Gymnastik, Kräftigung mit Medizinball, Kraftausdauer mit Partner, Spiel (Hockey), intensive Ausdauer
Dienstag	frei (Schulsport?)	
Mittwoch	Ziel: Dauer: Belastung: Inhalte:	Allgemeine und spezielle Kraftausdauer ca. 60-70 min sehr hoch Aufwärmen, Gymnastik, Circuittraining: 8 Stationen, 3 Runden, 25-30 Wdh./St., insgesamt ca. 600 Wdh.
Donnerstag	Ziel: Dauer: Belastung: Inhalte:	Verbesserung der Rudertechnik 60-70 min gering rudertechnische Übungen zur Verbesserung der mannschaftsinternen Koordination, Ausdauer (Kategorie VI)
Freitag	Ziel: Dauer: Belastung: Inhalte:	Grundlagenausdauer 45 min mittel Waldlauf (Kategorie V)
Samstag	Ziel: Dauer: Belastung: Inhalt:	Ruderspezifische Kraftausdauer 70 min hoch 15 min einrudern mit SF 18-20 max. Kraft, je 2-mal 20, 30, 40 Schläge, Pause ca. 2-3 min, 20 min (Kategorie V)
Sonntag	frei	

Tab. 30: Beispiel für einen Wochenplan (November) für Junior-B-Ruderer
(16 Jahre, 3. Trainingsjahr)

Wochentag	Trainingsplan	
Montag	Ziel:	Allgemeine Kondition
	Dauer:	60 min
	Belastung:	gering
	Inhalte:	Dehnungsgymnastik, Beweglichkeit, Spiel, aerobe Ausdauer
Dienstag	frei (Schulsport?)	
Mittwoch	Ziel:	Ruderspezifische Kraftausdauer, Intensive Ausdauer
	Dauer:	70-80 min
	Belastung:	hoch
	Inhalte:	Rudern (Kat. III-IV)
Donnerstag	Ziel:	Techniktraining, aerobe Ausdauer
	Dauer:	60 min
	Belastung:	gering-mittel
	Inhalte:	Übungen zur Verbesserung des Wasserfassens und Aushebens, Ausdauer (Kat. VI-V)
Freitag	Ziel:	Intensive Ausdauer
	Dauer:	70-80 min
	Belastung:	hoch
	Inhalte:	Rudern (Kat. IV)
Samstag	Ziel:	Aerobe Ausdauer
	Dauer:	70 min
	Belastung:	mittel
	Inhalte:	Rudern (Kat. V), alle 5 min 10 Streckenschläge
Sonntag	Ziel:	Wettkampfspezifische Audauer, Starts und Spurts
	Dauer:	70 min
	Belastung:	hoch
	Inhalte:	Einrudern, Aufwärmen 15 min, 2-mal 20 S aus dem Stand mit Start, 1-mal 500 m Strecken-

Wochentag		Trainingsplan
		schlag (SS), 1-mal 1.000 m SF SS–2, 1-mal 20 S aus dem Stand, ausrudern (Kat. I, III)
Montag	Ziel: Dauer: Belastung: Inhalte:	Regeneration, aerobe Ausdauer 60 min gering Rudern + Lauf (Kat. VI)
Dienstag	Ziel: Dauer: Belastung: Inhalte:	Allgemeine Kondition 60 min gering-mittel Gymnastik, Beweglichkeit, Spiel
Mittwoch	Ziel: Dauer: Belastung: Inhalte:	Intensive Ausdauer 70-80 min hoch Rudern 15 min einrudern (Kat. V), 1-mal 6 min (Kat. IV), 2-mal 3 min (Kat. III), 1-mal 6 min (Kat. VI), Pause jeweils 5 min, 30 min ausrudern (Kat. VI)
Donnerstag	Ziel: Dauer: Belastung: Inhalte:	Regeneration, aerobe Ausdauer, Taktik 60 min gering-mittel Rudern 20 min (Kat. V), Startübungen bis max. 10 Startschläge, 1-mal 20 S aus dem Stand, 20 min ausrudern (Kat. VI)
Freitag	frei	
Samstag	Regatta: Belastung:	1-2 Rennen hoch-sehr hoch (Kat. II)
Sonntag	Regatta: Belastung:	1-2 Rennen hoch-sehr hoch (Kat. II)

Tab. 31: Beispiel für eine Zwei-Wochenplanung im Juni

4. TEIL: ANHANG

Die wichtigsten Ruderwettkampfregeln

Für internationale Regatten und die Ausrichtung von Weltmeisterschaften ist der *Code des Courses* (CdC) der *Fédération Internationale des Sociétés d'Aviron* (FISA) und die *Reglement des Championats* zuständig. Die nationalen Regatten werden durch die *Ruder-Wettkampf-Regeln* (RWR) und die *Allgemeinen Wettkampfbestimmungen* (AWB) geregelt. Die Bestimmungen unterliegen Änderungen und Anpassungen durch den Rudertag, der in der Regel alle zwei Jahre stattfindet. Erwähnt werden im Folgenden die wichtigsten zur Zeit gültigen Wettkampfbestimmungen des *Deutschen Ruderverbandes*, nämlich die

1. Altersklassen
2. Streckenlängen
3. Gewichtsbestimmungen für Leichtgewichte
4. Bootsgattungen der nationalen Meisterschaftsrennen.

1. Altersklassen

Junioren/-innen B
die bis zum 31. Dezember des Ruderjahres das 15. oder 16. Lebensjahr vollenden

Junioren/-innen A
die bis zum 31. Dezember des Ruderjahres das 17. oder 18. Lebensjahr vollenden

Männer/Frauen B
die bis zum 31. Dezember des Ruderjahres das 19., 20., 21. oder 22. Lebensjahr vollenden

Männer/Frauen A
die weder Junioren/-innen sind noch der Altersklasse B angehören

Kinder
startberechtigt sind Jungen und Mdchen, die bis zum 31. Dezember das 14. Lebensjahr vollenden

Männer und Frauen der Altersklassen ab dem 27. Lebensjahr (Masters)

A   Mindestalter 27 Jahre
B   Mindestdurchschnittsalter 36 Jahre
C   Mindestdurchschnittsalter 43 Jahre
D   Mindestdurchschnittsalter 50 Jahre
E   Mindestdurchschnittsalter 55 Jahre
F   Mindestalter 60 Jahre
G   Mindestalter 65 Jahre
H   Mindestalter 70 Jahre

Stichtag ist jeweils der 31. Dez. des Ruderjahres

2. Streckenlängen

Normalstrecken-Rennen (im Rennboot)

Männer, Frauen und Junioren/innen A	2.000 m
Junioren/innen B	1.500 m
Männer und Frauen ab dem 27. Lebensjahr (Masters)	1.000 m

In der Gig   über 1.000 m

Langstreckenrennen   mindestens 4.000 m

Kurzstreckenrennen   ca. 500 m

3. Gewichtsbestimmungen für Leichtgewichte (in kg)

	Männer	Junioren		Frauen	Juniorinnen	
		A	B		A	B
Mannschaft	70,0	65,0	62,5	57,0	55,0	52,5
Einzelgewicht	72,5	67,5	65,0	59,0	57,5	55,0
Einerruderer	72,5	65,0	62,5	57,0	55,0	52,5

4. Bootsgattungen der Meisterschaftsrennen

Bootsgattung	Männer	Frauen	Junioren A	Juniorinnen A
1x Einer				
2x Doppelzweier				
4x Doppelvierer o. Stm				
2- Zweier o. Stm.				
2+ Zweier m. Stm.				
4- Vierer o. Stm.				
4+ Vierer m. Stm.				
8+ Achter				

in dieser Bootsgattung werden sowohl Rennen der offenen wie der Leichtgewichtsklasse ausgefahren

in dieser Bootsgattung werden nur Rennen der offenen Klasse ausgefahren

in dieser Bootsgattung werden keine Rennen in dieser Klasse ausgefahren

Leistungsabzeichen des DRV

1. Das Fahrtenabzeichen für Erwachsene

Die Bewerber müssen Mitglied eines Vereins des *Deutschen Ruderverbandes* oder eines Ruderverbandes sein, der der FISA angehört.

Gefordert werden in der Zeit vom 1. Januar bis zum 31. Dezember folgende Gesamtruderleistungen (in km), die auf Wanderfahrten oder Wochenendfahrten gerudert werden müssen:

	Alter	Gesamt-ruderleistung	davon Wander-ruderfahrten
Ruderer	19-30	1.000 km	200 km
	31-60	800 km	160 km
	ab 61	600 km	120 km
Ruderinnen	19-30	800 km	160 km
	31-60	700 km	140 km
	ab 61	600 km	120 km
für Behinderte Versehrtheit von mind. 50 %	ohne Alters-begrenzung	500 km	100 km

Die Bestimmungen gelten für 1998. Es zählen nur die geruderten und gesteuerten Kilometer. Als Wanderfahrten gelten eintägige Fahrten von mindestens 30 km bzw. mehrtägige Fahrten von mindestens 40 km insgesamt.

2. Das Rudersportfertigkeitsabzeichen

Für die Altersgruppe der 10- bis 16-jährigen Ruderinnen und Ruderer gibt es ein Rudersportfertigkeitsabzeichen in *Bronze, Silber* und *Gold*. Die Prüfung wird vom Jugendwart oder Übungsleiter des Vereins abgenommen und beinhaltet folgende Anforderungen an die verschiedenen Ausführungen:

I. Rudersportfertigkeitsabzeichen in Bronze
Aufgaben:
1. Beherrschung des Kunststoff-Einers (Slalom)
   Gefordert wird die Fahrt mit einem Kunststoff-Einer über eine Slalomstrecke. In dieser Slalomstrecke muss enthalten sein:
      a) einsteigen und aussteigen
      b) je eine Wende über Steuerbord und Backbord
      c) ansteuern und durchfahren eines Tores
      d) anlegen

2. Gewässerkunde
   Die interne Fahrordnung des Vereins muss beherrscht werden. Es sind die Gefahrenstellen im örtlichen Übungsbereich zu benennen.

3. Steuern eines Mannschaftsbootes
   Als Steuermann sind folgende Rudermanöver zu befehlen und mit der Mannschaft auszuführen:
      a) das Boot anhalten
      b) das Boot backbord- und steuerbordseitig wenden
      c) mit dem Boot rückwärts rudern
      d) vom Steg ab-/an den Steg anlegen
   Das Rudersportfertigkeitsabzeichen in Bronze kann im Altersbereich von 10-15 Jahren erworben werden.

II. Rudersportfertigkeitsabzeichen in Silber
Aufgaben:
1. Nachweis des Abzeichens in Bronze

2. Fahrt im Kunststoff-Einer oder Zweier o. Stm.
    a) Boot und Bootszubehör transportieren
    b) Bootszubehör einlegen und herausnehmen
    c) einsteigen und aussteigen
    d) ablegen und anlegen
       Auf Anweisung des Prüfers sind folgende Manöver zu fahren:
       – das Boot aus der Fahrt anhalten
       – Fahrtrichtungsänderung durch Rudern
       – rückwärts rudern
    f) Verhaltensweisen beim Kentern

3. Fahrt im Skull-Mannschaftsboot
    a) ablegen und anlegen vom Steg (ohne Hilfe)
    b) durchrudern einer kurzen Strecke mit zwei Wenden
    c) das Boot anhalten
    d) rückwärts rudern

4. Steuern eines Mannschaftsbootes
    Es ist der Nachweis einer als Steuermann geleiteten Ausfahrt im Mannschaftsboot zu erbringen. Dazu gehören Anleitung der Mannschaft beim Bootstransport zum und vom Wasser, Vorbereitung des Bootes zur Fahrt, säubern des Gerätes.
    Nachweis der praktischen Kenntnisse eines Steuermannes. Der Nachweis sollte möglichst im Rahmen eines Steuermannlehrganges für die Übungsstunden erbracht werden.
    Altersbereich für das Rudersportfertigkeitsabzeichen in Silber: 12 bis 16 Jahre.

III. Rudersportfertigkeitsabzeichen in Gold
Aufgaben:
1. Nachweis des Abzeichens in Silber
    Zwischen dem Erwerb des Abzeichens in Gold und Silber muss eine Saison liegen.

2. Fahrt im Mannschaftsriemenboot
    Gefordert werden:

a) ablegen und anlegen vom Steg (ohne Hilfe)
b) durchrudern einer kurzen Strecke mit zwei Wenden
c) Boot anhalten
d) rückwärts rudern

3. Kenntnis der wichtigsten Schifffahrtsregeln/-zeichen
Hier sind die auf allen öffentlichen Schifffahrtsstrecken angebrachten Schiff-fahrtszeichen sowie die Schifffahrtsregeln auf den Binnengewässern der Bun-desrepublik Deutschland anhand eines Fragebogens abzufragen. Die Teilnah-me an entsprechenden Lehrgängen der Landesruderverbände wird empfohlen.

4. Tages- oder Wanderfahrten im örtlichen Bereich
Mitarbeit bei der Vorbereitung und Teilnahme an einer Tagesausfahrt oder Wanderfahrt mit Übernahme kleinerer eigenverantwortlicher Aufgaben.

5. Teilnahme an den Junioren-Rennen, Rennen der Zweiten Wettkampfebene bzw. Wettbewerben im Rahmen der Jungen- und Mädchen-Regatten.

Deutscher Ruderverband (DRV)
Geschäftsstelle:
Maschstr. 20
30159 Hannover
Tel: 05 11-98 09 40
Fax: 05 11-9 80 94 25

http://www.ruderverband.org/

Jugendsekretariat:
Tel: 05 11-9 80 94 30

Landesruderverbände (LRV)
im Deutschen Ruderverband

LRV Baden-Württemberg e.V.
Heinrich-Emerich-Str. 35, 88662 Überlingen, Tel: 0 75 51-6 65 40, Fax: 0 75 51-22 49
Bayerischer Ruderverband e.V.
Postfach 50 01 20, 80971 München, Tel: 0 89-15 70 23 68, Fax: 0 89-15 70 23 62
LRV Berlin
Jungfernheideweg 80, 13629 Berlin, Tel: 0 30-38 30 24 99, Fax: 0 30-38 30 24 97
LRV Brandenburg e.V.
An der Pirschheide 28, 14471 Potsdam, Tel. und Fax: 03 31-97 23 62
LRV Bremen
Habenhauser Landstr. 32, 28277 Bremen, Tel: 04 21-87 06 36, Fax: 04 21-4 38 78 22
Allgemeiner Alster-Club (AAC)/Norddeutscher Ruderer-Bund (NRB) (Hamburg)
Postfach 80 01 47, 21001 Hamburg, Tel: 0 40-7 37 55 10, Fax: 0 40-37 55 19
Hessischer Ruderverband e.V.
Fuldablick 2, 34125 Kassel, Tel: 05 61-8 70 97 77, Fax: 05 61-87 72 61
LRV Mecklenburg-Vorpommern e.V.
Postfach 10 20 63, 18003 Rostock, Tel: 03 81-4 93 45 68, Fax: 03 81-4 93 45 68
LRV Niedersachsen
Breite Str. 33, 29221 Celle, Tel.: 0 51 41-4 04 43, Fax: 0 51 41-2 58 92
Nordrhein-Westfälischer Ruderverband e.V.
Friedrich-Alfred-Str. 25, 47055 Duisburg, Tel: 02 03-7 38 16 71, Fax: 02 03-7 38 16 72
LRV Rheinland-Pfalz
Rheinstraße 13, 55413 Niederheimbach
Ruderverband Pfalz e.V.
Gabelsbergerstr. 4, 67346 Speyer, Tel: 0 62 32-9 26 05, Fax: 0 62 32-9 26 05
Ruderverband Rheinland e.V.
Hohenzollernstr. 122, 56068 Koblenz, Tel: 02 61-3 47 60, Fax: 02 61-3 47 60
Ruderbund Saar
Haus des Sports
Hindenburgstr. 65, 66119 Saarbrücken, Tel. und Fax: 06 81-5 84 60 86
LRV Sachsen
Oehmestr. 1, 01277 Dresden, Tel: 03 51-3 10 52 02, Fax: 03 51-3 36 04 11
LRV Sachsen-Anhalt
Die Mühlbreite 19, 06184 Burgliebenau,
Tel: 03 45-1 36 50 10, Fax: 03 45-1 36 50 11
Ruderverband Schleswig-Holstein
Birkenweg 2 A, 24257 Köhn, Tel: 0 43 85-51 74, Fax: 0 43 85-51 49
Thüringer Ruderverband
Werner-Seelenbinder-Str. 10, 07747 Jena, Tel. und Fax: 0 36 41-33 33 09

Literaturhinweise

1. Nachschlagewerke

AUSSCHUß WANDERRUDERN IM DEUTSCHEN RUDERVERBAND (Hrsg.): Bootsobleute und Steuerleute. Hannover 1992

DEUTSCHER RUDERVERBAND (Hrsg.): Handbuch für das Wanderrudern. Wiesbaden 1997

DEUTSCHER RUDERVERBAND (Hrsg.): Hundert Jahre Deutscher Ruderverband. Minden 1983

DEUTSCHER RUDERVERBAND (Hrsg.): Rudersport-Almanach 1995. Jahrbuch und Adressbuch des DRV, 92. Ausgabe. Wiesbaden 1996

DEUTSCHER RUDERVERBAND (Hrsg.): Gesetze des DRV. Ausgabe 1998

2. Gesamtdarstellungen zum Rudersport

ADAM, K./ LENK, H./ NOWACKI, P./ RULFFS, M./ SCHROEDER, W.: Rudertraining. Bad Homburg 1977

DUBACH, W.: Rennrudern. Der Weg zum erfolgreichen Rennruderer, 3. Aufl. Zug 1966

FEIGE, K.: Natürliches Rudern, 2. Aufl. Frankfurt 1952

FRITSCH, W./LENK, H./ NOLTE, V. (Hrsg.): Rudern im Spiegel der Wissenschaft. Minden 1987

FRITSCH, W.: Handbuch für das Rennrudern. Aachen 1990

FRITSCH, W. (Hrsg.): Rudern – lehren, lernen, trainieren. Wiesbaden 1995

FRITSCH, W. (Hrsg.): Rudern – erleben, gestalten, organisieren. Wiesbaden 1997

HÄNEL, H.: Rudern. Vom Skull zum Riemen. Frankfurt 1963

HELD, H./KREIß, F.: Vom Anfänger zum Rennruderer. München 1973

KÖRNER, T./SCHWANITZ, P.: Rudern. Berlin 1987

REUSS, W.: Ruder, Boot und Bootshaus. Minden 1984

SCHROEDER, W.: Rudern. Technik-Training-Taktik. Reinbek 1978

SCHROEDER, W.: Anfängerunterricht im Rudern in jugendgemäßer Methodik. Schorndorf 1978

STEINACKER, J.M. (Hrsg.): Rudern. Sportmedizinische und sportwissenschaftliche Aspekte. Berlin 1988

3. Spezielle Bereiche

FREY, G.: Trainieren im Sport. In: O. GRUPE (Hrsg.): Sport – Theorie in der gymnasialen Oberstufe. Schorndorf 1980, S. 15-116.

KREIß, F. (HRSG.): Sport mit Behinderten. Rudern mit Sehgeschädigten. Sonderdruck aus Rudersport 11/86, 16/86, 20/86

MARTIN, D./ CARL, K./ LEHNERTZ, K.: Handbuch Trainingslehre. Schorndorf 1991

MITTELSTÄDT, T.: Die Methoden der Ruderanfängerausbildung der letzten Jahrzehnte. In: W. FRITSCH (Hrsg.): a.a.O. 1995, S. 40-60

NOLTE, V.: Die Rudertechnik. In: Rudersport 34 (1982), S. I-XII

RÖTHIG, P., u.a. (Hrsg.): Sportwissenschaftliches Lexikon, 6. Aufl. Schorndorf 1992

WEINECK, J.: Optimales Training, 7. Aufl. Erlangen 1990

4. Zeitschriften

Rudersport. Amtliches Organ des Deutschen Ruderverbandes
Rudern. Das Magazin für Freizeit- und Leistungssport